JN016971

ポール スタラード
松丸未来・下山晴彦　監訳

子どものための
認知行動療法
ワークブック
上手に考え、気分はスッキリ

A COGNITIVE
BEHAVIOURAL THERAPY
WORKBOOK FOR CHILDREN
AND YOUNG PEOPLE

Ψ
金剛出版

This edition first published 2019

© 2019 John Wiley & Sons Ltd

Edition History

John Wiley & Sons Ltd (2002)

All rights reserved. No part of this publication may be reproduced, stored in a retrieval system, or transmitted, in any form or by any means, electronic, mechanical, photocopying, recording or otherwise, except as permitted by law. Advice on how to obtain permission to reuse material from this title is available at http://www.wiley.com/go/permissions.

Stallard, Paul

Think good, feel good : a cognitive behavioural therapy workbook for children and young people/ Paul Stallard, professor of Child and Family Mental Health, University of Bath, UK and Head of Psychological Therapies (CAMHS), Oxford Health NHS Foundation Trust, UK.

Japanese translation rights arranged with John Wiley & Sons, Limited.
through Japan UNI Agency, Inc., Tokyo

監訳者まえがき

　子どもと認知行動療法はとても相性が良いのです。なぜなら，問題が整理され，自己理解が深まり，その上で，具体的な対処法が身に着けられるからです。

　この約20年間，元々大人向けだった認知行動療法を子どもにも役立てるにはどうしたら良いかということが考えられてきました。始めは，大人向けのものをただわかりやすくアレンジしていました。しかし，子どもの問題（抑うつ，不安障害，強迫性障害，PTSDなど）に見られる認知の偏向性や子どものための認知行動療法の技法の有効性が研究され，発達的課題や言語能力，子どもを取り巻く家族や学校などの環境要因なども考慮され，子どもたちの世界から生まれた認知行動療法へと発展してきました。本書の著者である英国バース大学のポール・スタラード教授は，子どもと若者の認知行動療法の第一人者です。多くの子どもたちと向き合う臨床経験と有効性を確かめる研究の積み重ねによって，「子どもと若者のための認知行動療法」の分野を確立しました。その結果が，本書です。

　本書は，子どもや若者の世界を理解し，子どもの視点から語られ，子どもに役立つ技法が満載のワークブックです。最初に，認知行動療法の概論が説明されています。そして，子どもや若者の認知行動療法がどういうものか，つまり子どもが興味を持ち，主体的に取り組むためにはどのような工夫が必要であるかが具体的に書かれています。動機づけ面接や認知行動療法の限界に関しても触れています。

　本書の主要な部分は，子どもや若者にそのまま使えるワークブック形式になっています。スタラード教授が本書で「セラピストの道具箱」と全体像を示していますが，本書は単なる技法のためのワークシートだけではなく，心理教育のためのわかりやすい教材が用意されています。また，第三世代の認知行動療法が盛り込まれています。そして，第二世代の認知行動療法の技法は，重要な過去の出来事から形成される思い込みを探ったり，現在の思考・感情・行動の悪循環（思考の罠）と関連させたりして，問題を外在化し自己理解を深めた上で，子どもが主体的に取り組めるようにします。全体を通して，子どもや若者を尊重し，努力していることやできる

ようになったことへの賞賛が重要視されています。

　現代は，子どもや若者の抑うつや不安といった情緒的問題が増加しています。それは，不登校やいじめ，自傷行為などの行動的問題とも関連し，社会問題となり，対処や予防が必要とされています。そのような社会の中で，本書は，個人療法としてはもちろんのこと，集団対象や予防教育の一環としても多くのアイディアを提供し，幅広く利用できます。本書は，「子どものための認知行動療法」と「若者のための認知行動療法」の２冊があり，前者は，小学生から中学生向けです。後者は，中学生以上，ティーンエイジャー向けです。中学生は個人差がありますので，小学生向けのほうが適している場合は前者を選んでいただければと思います。

　本書は，心理の専門家のみならず，医療や教育（特別支援教育も含めて）や福祉分野など子どもに携わる専門家の方々にも手に取っていただき，保護者の方々，そして何より子どもと若者の手に届けば幸いです。

　出版にあたり，金剛出版の中村奈々さん，訳者の浅田仁子さんには多大なご協力をいただきました。感謝いたします。

2020年春

下山晴彦
松丸未来

著者について

　ポール・スタラードは，バース大学のChild and Family Mental Healthの教授であり，Oxford Health NHS Foundation Trustの心理療法部門（CAMHS = Child & Adolescent Mental Health Services，子どもや若者を対象としたメンタルヘルス・サービス）のトップでもある。1980年にバーミンガムで臨床心理士の資格を得て以来，ほぼ40年にわたって子どもや若者を対象とした臨床心理活動に携わっている。

　臨床面では，子どもと若者のための認知行動療法（CBT）クリニックの責任者として，子どものメンタルヘルス専門医チームを組み，治療に取り組みつづけている。治療対象とする情緒障害は，不安，抑うつ，強迫性障害（OCD），外傷後ストレス障害（PTSD）など，幅広い。

　また，子どもと若者に適用するCBTの開発と活用に関しては，国際的に活躍する専門家でもあり，さまざまな国で訓練を行なっている。研究者としての活躍も目覚ましく，卓越した定期刊行物を数多く出している。最近の研究プロジェクトとしては，抑うつと不安を対象として学校単位で行なう大規模なCBTプログラムや，子どもや若者へのeHealthの活用などがある。

謝　辞

　こうして本書を上梓できたのは，多くの方々が直接，間接にご尽力くださったおかげです。

　まず，家族のロージィ，リューク，エイミーにありがとうといいたい。3人はわたしをはげましつづけ，熱心に応援しつづけてくれました。わたしは臨床業務や執筆に明け暮れ，出張に長く時間を取られることもたびたびありましたが，このプロジェクトを支えようという3人の気持ちは常に揺るぎないものでした。

　次に，本職に就いてからずっと，多くのすばらしい同僚に恵まれて研究をつづけてこられた幸運に感謝します。彼らと行なった数多くの臨床上の論考は，さまざまなアイディアとして，本書のそここことに活かされています。なかでも，10年以上にわたって同じ認知行動療法クリニックで働いてきたケイトとルーシーには，特に感謝しています。二人の忍耐力，創造性，配慮のおかげで，わたしは本書のためのアイディアを存分に発展させ，検討することができました。

　さらに，これまでに出会うことのできた子どもたちや若者たちにも感謝の気持ちを伝えたいと思います。困難な課題を克服しようとするみんなの決意に，わたしはおおいに勇気づけられ，効果的な心理的介入をもっと利用しやすいものにする方法をなんとしても見つけようという気持ちをもちつづけることができました。

　最後に，本書の読者のみなさんに感謝の意を表します。みなさんがここに収めた素材を活用して，子どもや若者がその人生を真に変えられるよう手助けしてくださることを心から願ってやみません。

オンライン・リソース

本書を**購入**された方は，オンラインで提供されている本書のテキストと
ワークシートをすべて，**カラー版にて**，**無料でご利用いただけます**（サイ
トは英語のみ）。クライエントとの取り組みにいかようにも役立つこれらに
アクセスしてダウンロードするには，以下のサイトをお訪ねください。

www.wiley.com/go/thinkgoodfeelgood2e

このオンライン機能を利用すれば，ワークブックの適切な箇所をダウン
ロードしてプリントし，子どもや若者との臨床の場で使うことができます。
そうしてプリントした素材は，セッションの構成や補足に活用することも
できれば，家庭での課題にすることもできます。
オンラインの素材は自由に工夫して活用いただけますし，何度でも必要
なだけアクセスしてお使いいただけます。

オンライン・リソースですが，日本語版は作成しておりません。
日本語のワークシートが必要な方は，本著のワークシートを自由にコピーして
お使いください。
英語版のワークシートのダウンロードは，原著の購入が必要となります。

目　次

◀第7章▶ 自動思考 ───────────────────────── 101

◀第8章▶ 考え方の誤り ───────────────────────── 117

◀第12章▶ 自分の気持ちに気づく ──────────── 175

◀第13章▶ 自分の気持ちをコントロールする ────── 193

子どものための認知行動療法ワークブック
上手に考え, 気分はスッキリ

Think Good, Feel Good
A Cognitive Behavioural Therapy Workbook for Children and Young People, Second Edition

◀第1章▶ 認知行動療法
理論的起源，根拠，技法

　認知行動療法（CBT）は，認知的アプローチ，行動的アプローチ，問題解決的アプローチに基づく心理療法的介入を指す総称です。認知は感情および行動に対して重要な役割を果たしており，認知行動療法は，その認知の役割に関する気づきを促すことを全体の目的としています（Hofmann, Sawyer, and Fang 2010）。したがって，認知行動療法には，認知理論と行動理論双方の中核的要素が含まれており，KendallとHollon（1979）は，認知行動療法を次のように定義しています。

> 　（子ども／若者の認知行動療法とは）子ども／若者の認知的側面を具体的に考慮し，その文脈の範囲内でのみ行動療法の技法を役立てるものである。つまり，問題となっている出来事について，子ども／若者がその意味をどのように解釈し，その原因をどのように考えるのかという認知的側面を重視し，それとの関連で行動療法の技法を活用するのである。

　認知行動療法は，数多くのランダム化比較試験を経て，子どもの心理的問題に役立つ治療法としての地位を確立してきました。治療効果が証明されているものには，不安（James et al. 2013; Reynolds et al. 2012; Fonagy et al. 2014），抑うつ（Chorpita et al. 2011; Zhou et al. 2015; Thapar et al. 2012），外傷後ストレス障害（Cary and McMillen 2012; Gillies et al. 2013），慢性疼痛（Palermo et al. 2010; Fisher et al. 2014），強迫性障害（Franklin et al. 2015）などがあります。加えて，認知行動療法は，学校単位で行なう多くの予防プログラムに取り入れられるようになっており，抑うつ（Hetrick et al. 2016; Calear and Christensen 2010），不安（Werner-Seidler et al. 2017; Stockings et al. 2016; Neil and Christensen 2009），外傷後の症状（Rolfsnes and Idsoe 2011）などを軽減する効果が明らかにされてきています。

　効果を証明する実質的な知識が体系化されると，認知行動療法は，英国国立臨床研究所（NICE）や米国児童青年精神医学会（AACAP）などの専門家グループによって，抑うつや強迫性障害，外傷後ストレス障害，不安障害などの情緒障害に苦しむ若者の治療法として奨励されるようになりました。こうして証拠が増加したことで，英国では，認知行動療法の国家トレーニング・プログラム，Improving Access to Psychological Therapies（IAPT）の開発も進み，今では，それが子どもや若者にまで拡大されてきています（Shafran et al. 2014）。

認知行動療法は科学的根拠に基づいた介入法であり，
心理的問題の予防と治療に効果を発揮する。

▶ 認知行動療法の基盤

　認知行動療法の理論的基盤は，重要な影響力をもつ多くの人びとの研究により，長年をかけて発展してきました。こうした研究をすべて振り返るのは，本書の扱う範囲を超えていますが，認知行動療法の根拠となり，今わたしたちの知る認知行動療法を形成してきた主要概念とアプローチについて，いくらか触れておくことは重要です。

　認知行動療法は，認知的アプローチ，行動的アプローチ，問題解決的アプローチに基づく治療的介入を指す総称です。その進化の過程は，はっきり区別できる3つの段階，すなわち，3世代から成り，そのいずれもが臨床に多大なる貢献をしてきました。

▶ 第一世代──行動療法

　第一段階は学習理論を基盤とするもので，古典的な条件づけを証明したパブロフ（Pavlov 1927）とオペラント条件づけを証明したウォルピ（Wolpe 1958），スキナー（Skinner 1974）の先駆的研究によって形成されました。こうした研究が明らかにしたのは，たとえば不安などの感情的な反応が，どのようにして特定の出来事や状況（クモ，人との対話など）と関連づけられる（条件づけられる）ようになるのかという点でした。その結果，不安は，それを引き起こす出来事（クモを目にする，人の集団に近づいていくなど）と，それに拮抗する反応（リラクセーション）とを対提示することで軽減できるようになりました。この手続き（系統的脱感作）は，現在も臨床の場で広く用いられていて，リラックスした状態を保ちながら次第に強い恐怖状況にさらしていくという段階的エクスポージャーは，現実にその場で恐怖を感じるやり方と，恐怖の状況を想像してもらうやり方双方で，用いられるようになっています。

　行動療法がおよぼした影響として，もう一つ挙げておくべきことは，行動に対する環境的影響の重要な役割を強調した点です。この研究は，環境的影響（先行する出来事）が行動を引き起こすこと，それにつづいて生じた結果は同じ行動がふたたび発生する可能性に影響を与えることを明らかにしました。行動は，肯定的な結果があとにつづく場合（正の強化子），もしくは，否定的な結果があとにつづかない場合（負の強化子）に，発生頻度が増加します。先行する出来事を詳細に理解し，強化子を活用して適応性のある行動を増やすという技法は，認知行動療法による介入で幅広く用いられつづけています。

リラクセーション・トレーニング，系統的脱感作，エクスポージャー，
強化子は，効果的な技法である。

▶ 第二世代——認知療法

　第二段階は行動的技法の有効性を基盤とするもので，発生した出来事に個人が付与する意味と解釈に注目することによって形成されました。これに大きな影響を与えたのは，エリス（Ellis 1962），ベック（Beck 1976），ベックら（Beck et al. 1979）の研究です。これらの研究では，感情および行動の問題が発生する原因は，出来事の解釈の仕方にあり，その出来事自体にはないとされました。したがって，感情と行動は，出来事に与えられた意味とその出来事の処理の仕方を見直すことによって変えることができるとされたのです。これがきっかけとなり，さまざまなタイプの認知（中核的思いこみ，先入観，自動思考）や，その焦点（認知の三要素－自己，将来，世界），その内容（自分におよぶ脅威，失敗，責任，非難），情報処理の仕方（選択的，偏向的）が，包括的に理解されるようになりました。要点は，図1.1にまとめてあります。

　認知という点でもっとも強力で重大なのは，中核的思いこみ（すなわち，スキーマ）で，重要な体験や繰り返し生じた体験の結果として幼児期に形成されます。たとえば，やたらに批判したり要求したりする親のもとで育った子どもは，自分は「ダメ人間」だと思いこむようになるかもしれません。中核的思いこみは，きわめて強力で，柔軟性を欠き，全体に影響をおよぼす不動の考え方であり，変化に抵抗します。それらは，わたしたちが自己や世界や将来について行なう意味づけや解釈を下から支え，やがて起きることをわたしたちに予測させるようになります。したがって，自分は「ダメ人間」だと思いこんでいる子どもは，たいていの状況で，自分は失敗するだろうと決めこむのです。

　こうした思いこみは，その思いこみの発生原因となった出来事（学校の試験など）に似た出来事によって活性化されます。いったん活性化されると，注意や記憶や解釈の処理バイアスは，その思いこみと一致する情報を，フィルタを使って選択します。注意のバイアスは，その思いこみを強める情報に注意を集中させる（すなわち，失敗の証拠を探す）ようになり，中立的な情報や矛盾する情報は見落とされます。記憶のバイアスは，思いこみと一致する情報を想起させる（すなわち，過去の失敗を思い出す）ようになり，解釈のバイアスは，思いこみと一致しない情報はすべて，最小に見積もる（いかなる成功も否定する理由を見つける）ように働きます。

> 注意や記憶や解釈の処理バイアスを特定し，それらを見直すことによって，
> 心理機能を改善することができる。

　もっともわかりやすい認知レベルは自動思考，すなわち「セルフ・トーク」です。自動思考は，頭のなかに絶え間なく次々と浮かんでくる考えで，自分の行動について解説しつづけます。うまく機能しない否定的な中核的思いこみと結びついていて，この思いこみが否定的な考えを自動的に生み出します。自分はダメ人間だと思いこんでいる子どもの頭には，試験勉強をしている最中に，「これは，きっと間違えるな」，「こんなの，できないよ」，「よい成績なんて，取れるはずないんだから，努力したってしょうがない」などといった否定的な自動思考が次々と浮かんできているかもしれません。

　認知療法が注目するのは，その子どもの問題の基盤にある情報処理上の欠点や偏りの内容と性

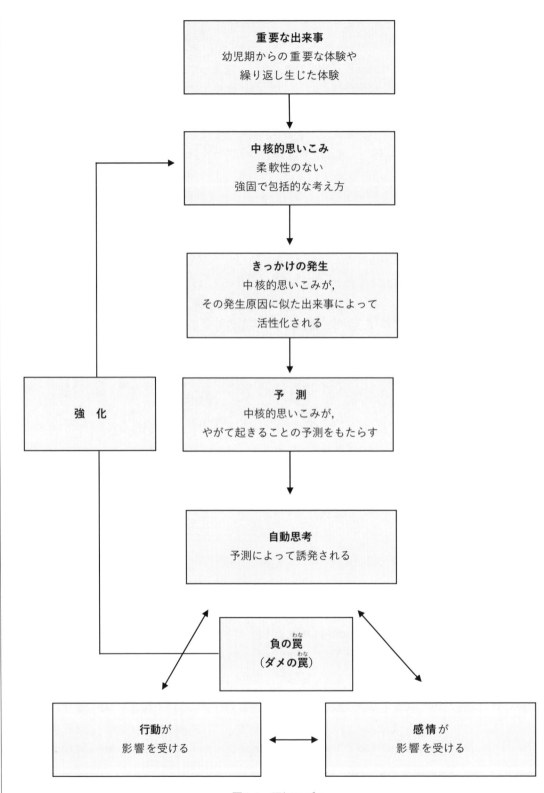

図1.1　認知モデル

質です。一般的に，不安を感じている若者は，将来や自分におよぶ脅威や危険，弱さ，対処能力の欠如に対する認知とバイアスをもちがちです（Schniering and Rapee 2004; Muris and Field 2008）。抑うつは，喪失や欠損，個人的な失敗に関する認知と結びついている傾向があり，絶望感を増大させる反芻を伴います（Kendall, Stark, and Adam 1990; Leitenberg, Yost, and Carroll-Wilson 1986; Rehm and Carter 1990）。攻撃的な子どもは，そうでない子どもと比べると，曖昧な状況のなかに見てとる攻撃的な意図が多い，他者の行動の意図について判断する際に，あまり手がかりに注目しようとしないといった傾向が強いほか，話し合いで問題を解決しようとすることが少ない傾向もあります（Dodge 1985; Lochman, White, and Wayland 1991; Perry, Perry, and Rasmussen 1986）。

　介入では，偏向的や選択的になっている認知と処理（否定的思考，思考の誤り）を特定し，それらを客観的検査（認知的評価）の対象とします。検査では，選択的な注意バイアスを見直すために，見落としていた情報に注目し，記憶バイアスを見直すために，矛盾する体験を想起し，解釈バイアスを見直すために，元の解釈に代わる説明を探します。そののちに最終段階（認知の再構成）に進み，そこで，もっとうまく働き，もっとバランスの取れた考えや予測や信念を育てます。

▶ 第三世代──受容，思いやり，マインドフルネス

　認知療法は非常に効果的であることが証明されましたが，やはり，わずかながら，この形の心理療法では効果の上がらない人もいます。特定の認知を積極的に問題にして再検討するやり方を，難しいと感じたり，好ましくないと思ったりする人もいるのです。同様に，数多くの研究が強調しているとおり，認知の変化は必ずしも情緒面での充足感の改善に結びついているとは限りません。認知内容を直接かつ明白に問題にしなくても，変化は起こります。

　このことがきっかけとなり，第三世代の認知行動療法と呼ばれるものが生まれることになりました（Hofmann, Sawyer, and Fang 2010）。この心理療法が注目するのは，認知内容を積極的に変えることではなく，当人と当人自身の内的出来事との関係性を変えることです。これが，アクセプタンス&コミットメント・セラピー（Hayes 2004; Hayes et al. 2006），コンパッション・フォーカスト・セラピー（Gilbert 2009, 2014），マインドフルネス（Segal, Williams, and Teasdale 2012）の誕生につながりました。

　これらの介入法は，体験や認知，感情を変えようとするのではなく，それらを受け入れ，それらに寛大になり，それらを抱えて生きていくよう，当人をはげまします。そうするためには，心を開き，好奇心をもって「今ここ」とつながり，それを体験しなくてはなりません。

　マインドフルネスの技法が活きるのは，今起きている内的な出来事と外的な出来事とに注意を集中させながら気づきを高めるときです。思考と感情を，当人の中核的アイデンティティとは別個の，今まさに起きている内的な心的出来事と生理的反応として，評価することなく受け入れます。

　受容では，自分の不完全さや欠点について自ら批判しつづけるのではなく，ありのままの自分を受け入れ，価値のあるものとして自分を大切にすることを学びます。価値を基盤とするこのアプローチは，自分にとって重要な意味をもつ生活面に注目し，目標に向かってがんばる意欲を高めるのに役立ちます。

　思いやりでは，自己批判する代わりに，自分に優しくします。自分の長所や肯定的なスキル，

親切な行為に注目するのです。思いやりのある論理的思考をすることで，これまでとは違う，偏りのない優しい考え方を育て，自己批判を自分への思いやりに置き換えます。思いやりのある行動を取ると，それに勇気を得て，怖い出来事に立ち向かったり，自分に優しくしたりするなど，これまでより有用な行動が取れるようになります。思いやりに満ちたイメージを活用すれば，肯定的な自己イメージを創り出すことができるようになり，思いやりの気持ちをもてば，他者の優しい行動に気づき，それを味わうこともできるようになります。

> 自分の思考・感情との関係は，マインドフルネス，受容，
> 自分への思いやりによって変えることができる。

▶ 認知行動療法の中核的特徴

認知行動療法という呼称は，多岐にわたるさまざまな介入法をいうのに用いられていますが，そうした介入法にはしばしば，共通する多くの中核的特徴があります。

認知行動療法は理論的に規定されている

認知行動療法は，実証的に検証可能なモデルに基づくものであり，強力な理論モデルがその介入原理を規定しています。すなわち，認知は感情の問題と結びついていて，介入によって行なわれるべきこと——認知もしくは当人と認知との関係性を変えるべきこと——を知らせているということです。したがって，認知行動療法は，原理に基づいた一貫性のある介入法であり，単に，いろいろな技法の寄せ集めではありません。

認知行動療法は協働モデルに基づいている

認知行動療法の重要な特徴の一つは，協働的プロセスをたどるということです。子どもは，最終の達成目標を特定し，それに至るまでの具体的な目標を設定し，実験し，練習し，その出来栄えをモニタリングするなかで，積極的な役割を担います。セラピストは，子どもが自己コントロール力を伸ばし，それをより効果的なものにするのを手助けするために，その成就に役立つ枠組みを提供します。また，子どもとの協力関係を築き，子どもがそのなかで，自分の問題に対する理解を深め，これまでとは違う考え方や行動の仕方を見つけられるようにもします。

認知行動療法には期限がある

認知行動療法は短期で行なわれることが多く，通常，回数が制限されていて，多くても16セッション，多くの場合はそれ以下のセッション数で終了します。介入期間が短いというこの特質は，クライエントの自立とセルフ・ヘルプを促します。このモデルは，子どもや若者とのワークにも容易に適用できます。子どもや若者に適用する場合，成人を対象とするセッションより，かなり短期になります。

認知行動療法は客観的で，構造化されている

　認知行動療法は構造化された客観的なアプローチで，若者は，アセスメント，問題の定式化，介入，モニタリング，評価というプロセスをたどります。介入の最終達成目標とそれに至るまでの具体的な目標は明確に定め，定期的に見直しをします。その際には，定量化と評点の使用が重視されます（たとえば，不適切な行動の頻度，思いこみの強度，落ちこみの程度，目標達成の進捗度など）。定期的にモニタリングと見直しをすることによって，ベースラインの評価と現在の状態とを比較して，客観的に経過を評価することができます。

認知行動療法は「今ここ」に焦点を絞っている

　認知行動療法は現在に焦点を絞り，今生じている問題や困難に取り組みます。このアプローチでは，「自覚のない幼いころのトラウマや，心理的機能不全の原因となっている生物学的な神経的・遺伝的要因を明らかにしようとすることはなく，代わりに，世界を処理する新たな方法，これまでより適応性のある方法を編み出そうと努力します」（Kendall and Panichelli-Mindel 1995）。こうした取り組み方は，子どもや若者には魅力的に映ります。というのも，子どもや若者は，自分が抱える問題の原因を理解することより，実際に「今ここ」で起きている問題に立ち向かうことのほうに関心や意欲をもつからです。

認知行動療法は自己発見と行動実験を促すプロセスを基盤としている

　認知行動療法は，自らへの問いかけを奨励し，新しいスキルの育成および練習を促す能動的なプロセスです。子どもたちは，単にセラピストの助言や意見を受動的に受け取るだけでなく，行動実験を通して観察し学習するよう，はげまされます。思考と感情のつながりを調べ，自分自身の思考との関係について，その内容や性質を変化させる新たな方法を探るのです。

認知行動療法はスキルを基本とするアプローチである

　認知行動療法は，思考と行動の新パターンを身につけるための実践的なスキルの練習を基本とするアプローチです。子どもたちは，セッションでセラピストと話し合ったスキルとアイディアを日常生活のなかで練習します。これは家庭での課題として出されるもので，多くのプログラムの中核的要素となっています。こうした課題をこなすことによって，何が役立つのか，潜在的な問題はどう解決できるのかを見きわめる機会が得られます。

　認知行動療法は，理論的に規定されている。

　認知行動療法は，能動的な協働モデルに基づいている。

　認知行動療法は，期限のある短期療法である。

　認知行動療法は，客観的で，構造化されている。

　認知行動療法は，現在の問題に焦点を絞っている。

　認知行動療法は，自己発見と行動実験を促進する。

　認知行動療法は，スキルを基本とする学習アプローチを推奨する。

9

▶ 認知行動療法の達成目標

認知行動療法の総合的な目標は，現在の生活充足感を高め，はね返す力と将来への対処法を強化することです。これを達成するために，有用な認知スキルや行動スキルを向上させることで，気づきを深め，自己コントロール力を改善し，自己効力感を高めていきます。認知行動療法のプロセスをたどることによって，若者は不適応となる循環から，より適応的な循環に移行します。以下は，この二つの循環を図示したものです。

認知行動療法を使うと，思考（認知）が感情と行動におよぼす否定的影響を低減させることができるようになります。そうするためには，子どもの認知の内容に積極的に注目するか，子どもと認知との関係性を変えるかのいずれかをしなくてはなりません。

- **内容に焦点を絞る場合**，セラピストは子どもをはげまし，機能不全に陥っているいつもの思考や思いこみで，とりわけ否定的かつ偏向的，自己批判的なものを，よく観察して特定するようにいいます。特定できたら，自己モニタリングや教育，行動実験のプロセスを通じて，それらを調べ，それらの代わりに，もっと機能的でバランスの取れた，成功と長所をきちんと承認する認知（思考）を取り入れます。
- 自分と自分の認知との**関係性に焦点を絞る場合**，セラピストは子どもをはげまして，自分の思考から一歩下がり，好奇心をもって，それらをじっくり観察するようにいいます。思考の観察では，通りすぎていく認知活動として思考を眺めるだけで，判断はいっさいしません。マインドフルネスで注意を「今ここ」に留めた状態にして，自分自身や今起きている出来事を受け入れるよう，若者をはげまします。

不適応となる悪循環思考
過度に否定的
自己批判的で決めつけがち
選択的で偏っている

行動
回避する
あきらめる
不適切
役に立たない

感情
不快
不安
抑うつ
怒り
コントロール
できない

適応的な循環思考
より前向きで偏っていない
成功と長所を認める
受容的で，一方的な判断はしない

行動
立ち向かう
やってみる
適切
役に立つ

感情
楽しい
リラックス
している
幸せ
穏やか
コントロール
できる

▶ 認知行動療法の中核的要素

　認知行動療法には実にさまざまな技法と方略があり，それらは，どのような順序でも，どのような組み合わせでも用いることができます。この柔軟性のおかげで，個々の問題や必要に合わせた介入方法を仕立てることができます。レシピ本のような標準化された方法で介入することはありません。また，豊富な技法に恵まれているということは，現在の心理的苦痛を低減させる方法としてだけでなく，予防法として，将来への対処法とはね返す力を高める方法としても使えるということです。

　第二世代の認知行動療法では，認知と処理法の内容を調べて見直すことを重視し，第三世代のそれでは，思考との関係性を変えることを重視するというように，それぞれの焦点は異なっていますが，これらのアプローチには多種多様なスキルと技法が埋めこまれています。

心理教育

　認知行動療法のあらゆる介入プログラムには，その基本的要素として，**思考と感情と行動**のつながりに関する心理教育が含まれています。この教育を通して，セラピストとクライエントは，人の考え方と感じ方と行動の間の関係を明確に理解して，共有できるようになります。さらに，認知行動療法の協働的プロセス，練習と**行動実験**のもつ**能動的な役割**も強調されます。

価値観，達成目標とそれに至るまでの具体的な目標

　認知行動療法には，重要な**個人的価値観**の特定が含まれることもあります。こうした価値観は，将来に焦点を絞りつづける助けとなり，目標達成を目ざす行動の動機づけとガイドという枠組みとして働きます。

　目標設定は，認知行動療法のあらゆる介入プログラムで必ず行なわれます。セラピーの**全体目標**は，セラピストとクライエント双方が合意したものを，客観的に評価できる形で定めます。クライエントは，セラピーのセッションで学んだスキルを日常生活で用いるよう促されます。セラピストは，クライエントに**家庭で行なう課題**を系統立てて出し，クライエントは実生活のなかでそのスキルを練習します。**個々の具体的な目標**がどれだけ達成されているかは定期的に見直され，その進展に応じて，変化を評価する客観的な方法が提供されます。

受容と長所の承認

　認知行動療法は，クライエントが自分の**長所と成果**を認められるようにします。長所は力づけになりえますし，将来の課題や問題の対処に活かすこともできます。**受容**も重視されます。コントロールできないことを絶えず変えようとするのではなく，出来事や感情や考えをありのままに受け入れるために重要だからです。

思考のモニタリング

　認知や思考パターンを観察してモニタリングすることで，クライエントが自分の認知傾向に関する理解を深めるという重要な課題をこなすことができます。思考のモニタリングでは，**中核的思いこみ**，**否定的な自動思考**，**予測**の特定の内容に注目することで，強烈な感情的反応を発生さ

せているものや，過度に否定的であったり自己批判的であったりするものを見つけることができます。また，**観察**を勧めて，認知が感情におよぼす影響について，気づきを深められるようにすることもできます。

認知の歪みや偏りの特定

　思考のモニタリングを行なうことで，クライエントが抱きがちな**否定的な認知や思いこみや予測，役に立たない認知や思いこみや予測**を見つける機会が得られます。その結果として，**認知の歪み**（たとえば，誇張，否定的側面への集中など）や**認知の偏り**（たとえば，他者のしぐさや合図に対する誤解，問題解決スキルの不足など）の性質や種類，それらが気分や行動におよぼす影響についての気づきが深まります。

思考の評価と，その思考に代わる認知プロセスの展開

　うまく機能しない認知プロセスを特定できたら，そうした**予測や思いこみの体系的な検査と評価**を行ない，それらに代わる認知スキルを学習します。クライエントは，**偏りのない思考や認知の再構成**を進めるよう促され，新たな情報を探したり，他者の観点から考えたり，反証を探したりするなどの作業を行ないます。その結果，うまく機能しない認知は改められます。

　こうした評価作業は，これまでの認知より**偏りが少なく機能性に**優れた認知を引き出す機会となり，この新たな認知が問題を問題だと認め，長所と成功をそれと認めるようになります。

新たな認知スキルの育成

　認知行動療法には，**注意をそらす**などの新たな認知スキルの育成が含まれています。「注意をそらす」とは，不安を高める刺激物から注意をそらし，よりニュートラルな課題に焦点を絞る方法です。認知的なコーピングは，**肯定的なセルフ・トーク**と，**結果予測思考法や問題解決スキル**──難問をじっくり考える代替の方法の開発に役立つスキル──とを併用することで強化できます。

マインドフルネス

　認知行動療法は，**マインドフルネス**などの新たな認知スキルを発達させます。マインドフルネスでは，個人的な判断をいっさいすることなく，現在の瞬間に注意を集中させます。マインドフルネスを実践することで，思考や感情に反応したり，それらを変えようとしたりするのではなく，自分の内的プロセスを好奇心をもって観察し，受け入れられるようになります。こうして「今ここ」に集中すると，将来の出来事を心のなかで否定的にリハーサルしたり，過去の出来事を反芻したりするのを減らすことができます。

感情教育

　数多くの介入プログラムが感情教育を取り入れています。感情教育は，怒りや不安，悲しみなどといった**中核の感情を見きわめ，それらを区別する**ことができるように設計されています。プログラムが焦点を絞るのは，そうした感情と結びついた**生理的な変化**（たとえば，口が乾く，手に汗をかく，心拍数が上がるなど）です。生理的な変化に注目することによって，各感情がどのように表現されているのかを明らかにし，クライエントが自分固有の表現について，気づきを深

められるようにします。

感情のモニタリング

　強い感情や顕著な感情をモニタリングすることで，快感情と不快感情双方に結びついている**日時，場所，活動，思考**を特定できるようになります。実生活でも，治療セッションでも，**評価尺度**を使って感情の強度を測定します。こうすることで，客観的に成果をモニタリングし，変化を評価することができます。

感情のマネジメント

　感情をマネジメントする新たなスキルがいろいろ開発されています。**苦痛に耐える**のを助け，感情のマネジメントをより効果的に行なえるようにするためのそうした技法には，**漸次的筋弛緩法，呼吸コントロール法，鎮静効果のあるイメージ法，自己鎮静法，注意をそらす**などがあります。
　自分固有の感情パターンに対する意識が高まれば，**予防方略**を講じられるようになります。たとえば，怒りが増大してきたことに気づき，早めにその増大を抑えることができれば，怒りを爆発させずに済みます。同様に，日常生活に**優しさと思いやり**を取り入れれば，発生した出来事を受け入れやすくなり，問題の発生も防ぎやすくなるでしょう。

活動のモニタリング

　活動をモニタリングすることで，**行動と感情と思考**のつながりに気づけるようになります。それに気づくようになると，特定の活動や出来事がどのようにして異なる感情や考え方と結びつくのかが，よりよく理解できるようになります。

行動の活性化

　活動のモニタリングは**行動の活性化**につながり，その結果として，当人はもっと活発になるように促されます。行動の活性化とは，たとえば，楽しめる**活動**，みんなと一緒にできる**活動**，達成感が得られる**活動**，運動になる**活動**を**増やす**ということです。活発に行動すれば，気分にもよい効果がもたらされるはずです。

活動予定の組み直し

　さまざまな活動に取り組んで，さらに楽しめるようにするには，**活動予定を組み直す**というのも一法かもしれません。強烈で不快な感情と結びついている特定の日や特定の時間に，前向きな気持ちになれる活動を組み入れます。

スキルの習得

　体系的な**問題解決方法**を使えば，決断を先延ばししたり回避したりせず，難題に正面から取り組むための有用な枠組みを得ることができます。認知行動療法の介入法のなかにも，対立解決法，アサーティブネス，友情の発達と維持などのスキルを向上させることで，**インターパーソナル・エフェクティヴネス**〔対人関係を有効に保つスキル〕を習得させることに焦点を絞ったものが，数多くあります。

行動実験

　認知行動療法の土台には，指導して発見を促すプロセスがあり，そこでは，予測や思考を問題として取り上げ検証します。これを行なうには，**行動実験**を設定し，ものごとを客観的かつ徹底的に検証していくと，きわめて効果的です。行動実験は，予測や思考が常に正しいかどうかを調べたり，出来事を別の形で説明できることを明らかにしたり，もし違うやり方をしたらどうなるかを検証したりするのに役立ちます。

不安の階層化とエクスポージャー

　認知行動療法のもっとも重要な目的は，困難な状況や出来事に真正面から取り組むよう，子どもたちをはげますことです。これを叶えるのが**段階的エクスポージャー**で，ここでは，問題を明確にし，全体の課題を小さなステップに分解して，各ステップを困難度の低いものから高いものへと階層化します。最初は困難度のもっとも低いものに取り組み，次第に困難なものへと**階層**の各ステップを登っていきます。このエクスポージャーは，実際に課題に取り組んで行なうこともあれば，課題の状況を想像して行なうこともあります。課題をうまくやり終えたら次の課題に進むというやり方で階層を登り，問題を克服するまでこれをつづけます。

ロールプレイ，モデリング，エクスポージャー，リハーサル

　新しいスキルや行動は，さまざまな方法を使って身につけることができます。**ロールプレイ**は，からかわれたときの対応など，難しい状況との取り組みを練習する機会となります。ロールプレイによって，既存のスキルのなかから効果のあるものを見きわめることができ，これまでとは違う解決方法や新しいスキルを見つけられるようにもなります。**スキル強化**のプロセスは，新しいスキルと行動を習得するプロセスを促します。**手本となる他者の適切な行動**やスキルを観察すれば，新しい行動を想像のなかで**リハーサル**してから，**エクスポージャー**の課題として，実生活でそれを実行することができます。

自己強化と報酬

　認知行動療法のあらゆるプログラムの基礎となるのは，**正の強化**と努力の承認です。自分自身を大切にして，自分の行動を価値のあるものだと考えることが，わたしたちには必要です。これは**自己強化**の形で行なうことができます。たとえば，認知的な自己強化では，「よくやった。あの状況をうまくしのいだじゃないか」と自分に声をかけ，物質的な自己強化では，特別な楽曲をダウンロードし，活動による自己強化では，最高にリラックスできるお風呂に入る，といったことができます。強化は，達成した成果に基づいて行なうのではなく，努力したという事実やがんばってやってみたという事実に基づいて行なわれなくてはいけません。

　セラピストは認知行動療法を用いることで，技法がたくさん詰まった道具箱を手に入れます。それらの技法は，子どもの必要や関心に合わせて柔軟に使うことができます（要約は図1.2の「セラピストの道具箱」）。

認知行動療法のプログラムには以下が混在している。

心理教育

価値観，達成目標，長所の特定

思考，感情，行動のモニタリング

変えられないものの受容

認知の特定，見直し，観察

新たな認知スキルの育成

不快な感情に対処するための代替方法の学習

新たな行動の学習

具体的な目標の設定，日常生活での実践

正の強化

心理教育
思考，感情，行動のつながりを理解する

価値観，達成目標とそれに至るまでの具体的な目標
自分の価値観を見きわめる，達成目標とそれに至るまでの具体的な目標を話し合って決める

受容と長所の承認
前向きな部分や長所を認めて，ありのままの自分を受け入れる

認知

思考のモニタリング
否定的な自動思考
中核的思いこみ，すなわちスキーマ
うまく機能しない先入観

認知の歪みや偏りの特定
よく発生する機能的でない認知，先入観，思いこみ
認知の歪みのパターン
認知の偏り

思考の評価
認知を検証して評価する
認知の再構成
バランスのよい新たな思考の育成

新たな認知スキルの育成
注意をそらす，コーピングに役立つセルフ・トーク，肯定的なセルフ・トーク
自己教示訓練，結果予測思考法

マインドフルネス
好奇心をもち，偏った判断をしない観察

行動　　　　　　　　　　　　　　　　　　　　　　　　　　感情

活動のモニタリング
活動，思考，感情を結びつける

行動の活性化
気分を高揚させる活動を増やす

活動予定の組み直し
活動予定表を作る

スキルの習得
問題解決方法と，対人関係を有効に保つ
インターパーソナル・エフェクティヴネス

行動実験
予測や先入観を検証する
新しい意味を見つける

不安の階層化とエクスポージャー
段階を追って難題に立ち向かう

感情教育
中核の感情を区別する
生理的な身体症状を特定する

感情のモニタリング
感情を思考および行動と結びつける
評価尺度を使って強度を測定する

感情のマネジメント
リラクセーション，自己鎮静法，頭を使うゲーム
イメージ法，呼吸コントロール法

自己強化
自分自身を大切にして，自分に報酬を与える

図1.2　セラピストの道具箱

第2章

子どもと若者のための認知行動療法

▶ 低年齢の子どものための認知行動療法

　認知行動療法では，認知とその作用を体系的に特定して検証し，それらを見直すという作業を行なうため，一連の複合的な技能が必要になります。同様に，思考と感情を観察し，それらを認めて受容することが要求されるアプローチでは，「思考について思考する」能力も必要になります。こうしたプロセスには，ある程度の認知的な成熟と洗練が必要であり，たとえば，異なる観点から出来事を眺める，別の原因を見つける，一歩下がって思考と感情を好奇心をもって観察するなどの，抽象的な課題に取り組む能力が求められます。低年齢の子どもの場合，このような課題に取り組めるだけの認知的成熟がどの程度のレベルに至っているのかが，今もなお論議の的となっています。

　発達研究が示唆するところによれば，非常に幼い子どもも，人間には内的な心理状態——この世界を正確に描いたり誤って描いたりする思考や思いこみやイメージなど——があることを理解しています（Wellman, Hollander, and Schult 1996）。3歳児が，人の頭と飛び石状の小円でつながっている「吹き出し」は考えを表していることを理解し，考えと活動を区別することができ，人によって同一の出来事について思うことは異なることや，考えが出来事を正確に表しているとは限らないことを理解しているのです。Flavell, Flavell, Green（2001）は，5歳児ともなれば，自分の考えをはっきり言葉にし，セルフ・トーク——多くの認知行動療法プログラムでおなじみの方略——の概念を理解しているといっています。また，4歳児，5歳児，6歳児は，思考と感情と行動を区別することもでき（Quakley, Reynolds, and Coker 2004），5歳児なら，出来事が起きたあとにその原因を見つけたり，感情の名前を正しくいったり，思考と感情を結びつけたりすることもできる（Doherr et al. 2005）ともいわれています。こうした提言を受けて，レヴューのなかには，「低年齢（5歳から8歳）の子どもも，子ども向けに工夫した認知行動療法であれば，その恩恵を得られるだけの認知能力を示しうる」と結論づけているものもあります（Grave and Blissett 2004）。

　認知行動療法を低年齢の子どもに適合すべく工夫したものについて，その効果を評価しようという試みが，このところ，いくつか報告されるようになってきました。認知行動療法を基盤とする介入は，不安については，5歳児に効果があったとするもの（Monga, Young, and Owens 2009），4歳児に効果があったとするもの（Hirshfeld-Becker et al. 2010），3歳児に効果があったとするもの（Klaus Minde et al. 2010）があります。トラウマに特化した認知行動療法に基づく介入につい

ては，3歳から6歳までの子どもに効果があり（Scheeringa et al. 2011），子ども向けに工夫した認知行動療法の介入は，強迫性障害をもつ5歳から8歳の子どもに効果があった（Freeman et al. 2008）ことが明らかになっています。「子ども向けに工夫された認知行動療法のなかには，7歳以上の子どもならすぐにも取り組めるものがある」という臨床的見解が広く支持されていますが，最後の報告はそれを裏づけています。

> 7歳の子どもなら，すぐにも認知行動療法に取り組むことができる。

▶ 認知行動療法を子どもや若者向けに工夫する

　認知行動療法は非常に複雑なものにもなりえますが，その課題の多くは，抽象的な概念的思考力ではなく，具体的なものごとや問題についての効果的な論理的思考力を必要としています（Harrington, Wood, and Verduyn 1998）。認知の発達は，通常，学童期（7歳から12歳）に具体的操作段階に達しますが，認知行動療法の基本的課題の多くは，この段階にまで認知が発達していれば，充分に行なうことができます（Verduyn 2000）。認知行動療法は，子どもの年齢に適したレベルの素材や概念を用いて行なわれる，楽しくて，興味をそそる魅力的なものでなくてはなりません（Young and Brown 1996）。

具体的でわかりやすい例

　子どもが認知行動療法の考え方や概念のいくつかを理解できるようにするには，具体的なやり方として，わかりやすいイメージや例を使用するといいでしょう。

　Freemanら（2008）は，エクスポージャーの原理を，「薬は『まずい』けれど，飲めば，気分はよくなる」と説明しています。強迫的な思考は「耳について離れない歌」ともいえるでしょう。回転式乾燥機を使って，頭から離れない考えがぐるぐる回りつづける様子を説明することもできるでしょう。子どもの頭のなかで再生されるCDは，繰り返し浮かんでくる自動思考の説明に役立ちます。Barett, Webster, Turner（2000）はこの自動思考を，「思考のインヴェーダー」にたとえてはどうかと提案しています。また，DVDプレーヤーを例に使って，繰り返し侵入してくるイメージを説明することもできるでしょう。

　こうした具体的な例は，セルフ・コントロール方略の発達にも役立ちます。CDやDVDをオフにするところや，思考インヴェーダーの行く手をはばんでやっつけるところを想像するよう，子どもを促すのです。「ダメダメ色メガネ」の例は，よくある認知の歪み——否定的なことだけに注意が向く選択的抽出——を説明するのに使えます。子どもをはげまし，別のメガネにかけ変えて，見逃していた肯定的なことをもう一度探すように指示しましょう。

遊び

　低年齢の子どもは，通常，言葉であれこれ説明されるより，遊びを基本とする活動のほうを心地よく感じます。Ronen（1992）は，自動思考（すなわち「考えずに行動すること」）と媒介思考（すなわち「脳が身体に送る指令」）の概念を，ある戦闘ゲームを通して伝える方法を説明してい

ます。媒介思考については，戦闘で司令官（脳）が兵士（身体）に指令を送る場面を使って伝えます。自動思考は，川が自然に流れていく絵を描きながら伝えます。子どもの望む方向に流れを変えて描けば，媒介思考を伝えることもできます。

Barett, Webster, Turner（2000）は，子どもに問題解決方法を教えるために，風船を部屋の端から端まで，手で触ることなく移動させるという楽しいゲームを使っています。思考と感情と行動の区別を理解できるようにするには，ソーティング・ゲーム〔並べ替えや分類で整理するゲーム〕が役立ちます。クイズを使って，子どもの認知にアクセスしたり，役に立つ思考と役に立たない思考を区別するスキルなどを伸ばせるようにしたりするのも，有用で楽しいやり方です。ロールプレイを使えば，コーピング・スキルのリハーサルや練習に子どもたちの関心を惹きつけておくことができますし，テレビ・コマーシャルを創作してみるなどの活動は，それまでに学んだことをじっくり考えるよう，子どもを促すのに役立ちます。

エクスポージャーの課題は，不安を対象とする認知行動療法の中核的要素ですから，楽しめるやり方で取り入れたいものです。たとえば，Hirshfeld-Beckerら（2008）は，分離不安をもつ子どもをはげまして，宝探しをさせています。宝探しをするには，親から離れて宝物を見つけなくてはなりません。同様に，社会不安を抱える子どもには，いろいろな調査を行なうために他者に近づいていくよう促すことができます。

低年齢の子どもの場合，人形を使って重要な認知にアクセスし，できればそれらの中身を探り，コーピング・スキルを育てることもできるでしょう。子どもがつらいと思っている状況を人形劇に仕立て，それぞれの人形が思っていることや感じていることをいってみるよう，子どもをはげますのです。また，つらい状況にいる人形のコーチを子どもに務めてもらうことで，コーピング・スキルの学習と練習の機会を提供することもできます。

メタファー

メタファーは，抽象的な概念をごく普通の言葉で説明するのに有用な方法です（Friedberg and Wilt 2010）。優れたメタファーは，シンプルで具体的であり，子どもがよく知っているものごとや出来事に関連づけられたものでなくてはなりません（Killick, Curry, and Myles 2016）。子どもや若者向けに用いられるおなじみのメタファーは交通信号で，誰もが幼いころから，赤は「止まれ」，黄は「準備（計画）」，青は「進め」であることを学びます。

シンプルでよく知られたこのメタファーの利用法は数多くあります。まず，考え方にはさまざまな形があることを子どもに理解してもらうのに役立ちます。考え方のなかには，役に立たないもの（赤い考え）があります。そういう考え方をすると，行動に「ストップ」がかかったり，不快な気分になったりするからです。もっと役立つもの（青の考え）もあります。それらにはげまされて「前進し」，したいと思うことや気分をよくしてくれることをしようと思うからです。

交通信号は色が並んでいますが，これを利用して3段階のステップを踏み，これまでより有用な（青の）思考を発達させることができます。赤信号では「立ち止まり」，頭のなかを駆けめぐっている赤い考えを見つけるよう，子どもをはげまします。黄信号ではよく「準備（計画）」して，それまでとは別の，もっと肯定的で対処に役立つ考え方を見きわめるようにいいます。青信号では「前進し」，自分の新しい（青の）考えを使ってみて，それらが前のものより役立つのか，役立たないのかを調べるよう，子どもを促します。

交通信号を使って，3ステップのシンプルな問題解決方法を工夫することもできます。赤は，「いったん止まって」，問題をはっきりさせることを意味し，黄は，「準備したり計画を立てたり」する，つまり，新しい解決方法を見つけて調べることを意味します。青は，解決方法を選択して「前進し」，何が起きるかを見きわめるということです。

　火山は，怒りを視覚化する具体的な方法として使えます。怒りが増大していく段階を，火山を使って描くように子どもに指示し，火山の爆発を早い段階で止めるにはどうしたらいいかを子どもが考えられるようにします。

　自動思考は，コンピュータのスパムメールやポップアップ広告だと考えてもいいでしょう。このメタファーを発展させれば，若者がもっと強固なファイアウォールを築けるように手助けすることもできます。同様に，よく知られている言葉を使って，認知の歪みを定義することもできます。つまり，破局化とか否定的予測などといった複雑で抽象的な用語を使うのでなく，**破局に突き進む思考**や**占い**などの言葉を使うのです。

イメージ法

　イメージは，5歳児にも適用可能であることが報告されています。困難にうまく対処している肯定的なイメージは，強力な肯定的感情の発生を促す方法として使うことができます。そうした感情は，不安や怒りなどの不快な情緒的反応に対抗するものです。Jackson と King（1981）は，漫画に登場するバットマンのイメージを使って，少年が暗闇に対する恐怖を克服するのを手助けしています。同様に，イメージは，もっと年上の若者にも使えます。たとえば，ばかげた帽子をかぶったおかしな人のイメージは，からかわれて膨れ上がった怒りに一役買うかもしれません。問題にうまく対処しているイメージを使って効果を上げるには，そのイメージを子どもの年齢に合わせ，当人の現在の関心や空想に基づいたものに仕立てなくてはなりません。この点で，子どもに大人気の『ハリーポッター』の本や映画は，材料をふんだんに提供してくれます。たとえば，登場人物のロン・ウィーズリーは，大グモが恐くてたまらないのですが，そのクモのイメージを面白おかしいものに換えて恐怖に立ち向かい，その恐怖を克服します。

　鎮静効果のあるイメージ法も役立ちます。子どもはセラピストの助けを借り，自分がリラックスできると思える場所のイメージを，多くの感覚を使って創作します。その場所は，現実の場所でも想像上の場所でもかまいません。写真や絵を参考にすると，細かい部分までイメージしやすいでしょう。そうしたイメージは，音やにおい，味，触った感じに注意を払うことで強化することができます。

お話とワークブック

　認知行動療法の補助として使える有用なお話はたくさんあります。子どもはこうしたお話の助けを借りて，自分の問題や症状を理解し，それらを克服するために習得しうる方法に注目するようになります。これらをすべて概観するのは，本書の扱う範囲を超えていますが，以下にいくつか，例を挙げておきましょう。

　『でっかいでっかいモヤモヤ袋』（邦訳：そうえん社，Ironside 2011）は，11歳以下の子ども向けのお話で，心配事は立ち向かわなければどんどん大きくなってしまうことを教えてくれます。『学校いやいやお化けウォブリー』（邦訳：明星大学出版部，Wever 1999）は，魅力的なイラスト

があふれた小学生向けの絵本で，学校に行けなくなった子どもの心配事や，そうした心配事の克服に役立つ方法を語っています。『The Secret Problem』も，Chris Wever（2000）が前掲書と同様の形式で著したものですが，こちらは強迫性障害に的を絞り，どのようにしたら強迫行為を追い払えるかを明らかにしています。最後は，『Panic Book』（Phillips 1999）で，楽しいイラストと言葉を使ってパニック障害を説明し，なぜ厄介な状況は，避けることなく，真向から立ち向かわなくてはならないのかを語っています。

　低年齢の子ども向けにも，魅力的なお話やワークブックがたくさんあります。たとえば，『Starving the Anger Gremlin』は，子どもが楽しい作業をしながら，なぜ腹が立つのかを理解できるようになり，怒りの感情をコントロールして，怒りが大好物のアンガー・グレムリンを追っ払うというワークブックです（Donnelly 2012）。同様のワークブックで，不安を扱ったものもあります（Donnelly 2013）。『へっちゃら君（子どもの心理臨床）』（邦訳：誠信書房，Sunderland 1997）は，自分の気持ちを押し殺す子どもを描写し，『Draw on Your Emotions』（Sunderland 2001）は，子どもが自分の気持ちを表すことができるようになる実用的なエクササイズをたくさん提供しています。ほかにも，認知行動療法の概念を楽しく魅力的に伝えるために，子ども向けに開発されたワークブックがたくさんあります（Friedberg and McClure 2015; Barrett 2004）。

非言語的素材

　子どもを対象とした認知行動療法は，子どもが関心をもち，熱心に取り組もうと思うような形で届ける必要があり，言語的な技法と非言語的な技法をうまく取り混ぜたものでなくてはなりません。実にさまざまな素材が役立ちますし，黒板やホワイトボード，フリップ・チャート，絵を描く道具，ワークシートなど，視覚媒体は確実に使えるようにしておくといいでしょう。実際，漫画や絵などの視覚刺激を使えば，低年齢の子どもは自分の症状や気持ちに関する理解をうまく深めることができます（Scheeringa et al. 2011）。

　あまり話したがらない子どもには，漫画，考えを記入する「吹き出し」，クイズなど，視覚を使う活動を多く取り入れるといいでしょう。シンプルな絵や漫画で，登場人物の頭の上に吹き出しがあるようなワークシートを使えば，吹き出しには思っていることを表現できるのだということが，子どもにもわかるようになります。複数の吹き出しを付ければ，認知行動療法の中核的概念，すなわち，それまでとは違う思考という概念——一つの出来事の捉え方は複数あるということ——を，子どもは理解するようになります。また，未完成の文を完成させるエクササイズを使えば，特定の状況や感情に関連する思考を明確にすることもできます（Friedberg and McClure 2015）。

　視覚に訴える素材は，年齢の高い子どもにも役立ちます。事例の定式化を要約した図は非常に説得力があり，子どもへの力づけにもなります。プリント類は，クリニックでのセッションを補うのに役立ち，重要な論点を書き留めたものとして将来の参考にもできます。また，円グラフも，出来事が発生する見込みに関する想定を特定し，定量化して，見直しする客観的な方法として使えます。最後は，視覚に訴える評価尺度についてです。子どもは断定的な考え方をしがちですが，そうした評価尺度を使うことで，考え方や捉え方の幅を広げ，断定的な考え方を見直すことができます。

明快なステップとプロセス

　認知の再構成では，うまく機能しない認知を特定して調べ，再評価しますが，子どもはこのプロセスを少し難しいと感じることがあるかもしれません（Spence, Donovan, and Brechman-Toussaint 2000）。しかし，このプロセスは，重要な作業ごとのステップに分けて，すっきりまとめることもできます。こうした単純化は，たとえ子どもには，全体を包括するルールや自分が使う認知プロセスがわかっていなくても，また，そこで得た結論をほかの状況に一般化できなくても，たいへん有用です。

　うまく機能しない認知を「見つけて，調べ，見直して，変える」という固有のステップ（「4C」）を踏んでいくプロセスは，シンプルながら，思考の特定，評価，再評価という手順を憶えるよい方法になります〔**「見つけて，調べ，見直して，変える」**ステップは，英語では「catch it, check it, challenge it, change it」であるため，各動詞の頭文字を取って「**4C**」と呼ぶ〕。

　「4C」では，まず子どもに，いつイヤな気持ちになるかに気づいてもらい，そのとき考えていることを見つけてもらいます。そして，見つけることができたら，それを調べ，自分が思考の罠（偏った考え方）にはまっていないかどうかをチェックしてもらいます。つづいて，その思考の見直しをしますが，これは，何か肯定的な情報や重要な情報を見過ごしていないかどうかをよく調べるというやり方をします。最後に，見つかった新しい情報についてじっくり考え，これまでの思考を，もっと役立つものに変えていきます。

　一方，若者ともなれば，自分の思考を「裁判」にかけ，それらを支持する証拠と問題ありとする証拠を探すこともできるでしょう（de Oliveiraa et al. 2015）。この方法では，容疑者（有用でない考え方）の特定と，その考え方を支持する証拠の調査（弁護）を行ないます。次のステップでは，この考え方に問題ありとする証拠を捜索（起訴）します。証人──その若者の親友や家族など──は，役に立たないその思考を，事実によりよく適するものに発展させること（判決）に関して，見解を述べるよう請われます。

　このような方法は，子どものはげましになるメタファーを使うことで，さらに興味をそそるものにすることができます。たとえば，役に立たない思考を見つけようとする際に，「私立探偵　I」（Friedberg and McClure 2015）や思考をモニターする「考え太くん」の役割を想定する（Stallard 2002）などしてもいいでしょう。

テクノロジー

　小学生くらいになれば，コンピュータやインターネット，スマートフォンは，使用に慣れているどころか，使いこなすようにもなっていることでしょう。こうしたテクノロジーはたいへん魅力的で，この年齢の子どもにぴったりの方法を提供してくれます（Boydell et al. 2014）。

　ノートパソコンやスマートフォンは日記の継続に適しているかもしれません。もち運びに便利なので，その時々の気分や思考，肯定的な出来事をその場ですぐ，正確に記録することができます。「ホットな考え」〔第7章参照〕や強烈な情動反応に気づいたとき，子どもはそれらを使い，「自分の頭の中身をダウンロードする」こともできるでしょう。若者はモバイル機器を使って，頻繁にメールを送ったり，仲間とやり取りしたりしているため，こうしたことを少々記録したところで，周りの友だちにいぶかしがられることはありません。

　スマートフォンのカメラを使って，つらい状況や困難な状況を記録しておくこともできます。

画像を見直すことで，発生している状況に関する子どもの思考や先入観のいくつかをチェックし，その状況への対処法について，計画を立てることもできます。また，子どものフォト・ライブラリーには，当人の心が落ち着く場所の写真が収められているかもしれません。それを思い出せば，自分に必要なイメージの想像に役立てられるでしょう。さらに，思考への挑戦（たとえば，「4C」の「見つけて，調べ，見直して，変える」作業）などに関して，前向きな対処に役立つ言葉やリマインダーが見つかったら，それらを保存しておき，やってみようという気持ちを奮い立たせるときに役立てることもできます。

　インターネットは，不安や気分の落ちこみなど，よくある問題を調べたり，そうした状態を正常化したりするのにも役立ちます。そういう症状に苦しんだ有名人が見つかることもあり，彼らがどのようにしてそれを乗り越えたかを知れば，彼らのやり方を自分の選択肢として取り入れることもできます。マインドフルネスやリラクセーションなどの技法に関するガイダンスや教育を提供しているウェブサイトにアクセスすれば，簡単に練習ができますし，練習の手引きとしてコンテンツを活用することもできます。また，若者が自分の体験した心理的問題や役立ったと思う方略について語っている有用なビデオもふんだんにアップされています。他者からの学びはたいへん効果があります。役立つ方法を伝えるビデオやYouTubeのクリップを活用しましょう。

> 認知行動療法を魅力的で利用しやすいものにするには，
> 子どもの年齢にふさわしい方法を用い，認知行動療法の概念や考え方を
> 当人の発達レベルや関心に合わせたものにしなくてはならない。

▶ 認知行動療法への取り組みを促す

認知行動療法に取り組むには，子どもは以下のことができなくてはなりません。

- 自分の思考にアクセスして，それを伝える。
- なぜその出来事が起きたかについて，それまでとは違う原因を考える。
- さまざまな感情を特定して違いを理解する。
- 思考と感情と状況をつなぐ。

　これらのスキルは必ずしも，認知行動療法の取り組みに最初から欠かせないわけではありませんが，介入を継続する間にこれらが発達していく素質は，必ず備わっていなくてはなりません。

思考にアクセスして，それを伝える
■　直接的な質問──今考えていることを話してもらう

　子どもに直接話を訊くことで，その子どもの思考やセルフ・トークについての情報をたっぷり得ることができます。3歳の子どもでも，面談中に自分の考えについての情報を与えてくれることがあるという指摘もあります（Hughes 1988）。

　もっともシンプルに行なうなら，子どもに，「今何を考えているのか」や「今どんな考えが頭の

なかに浮かんでいるのか」を話してもらうだけで，結果が出ます。なかには，認知の三要素（自己，世界，将来）に関するさまざまな考えに気づいて，言葉にできる子どももいるでしょう。たとえば，自分自身についての考えを，「今こうして先生と話している自分が，ばかみたいに思える」，「こんなことで動揺するなんて，先生はわたしのこと，きっとどうしようもないばかだと思ってるよね」などといい表し，この世界の不公平についての考えを，「ここに来なきゃいけなかったから，サッカーの練習に出られなかったなあ」，「困っているのは母のほうだから，わたしではなく，母と話してください」などというういい方に託し，将来についての考えを，「ぼくがここにいる意味があるとは思えない。こんなことしていても，何も変わらないよ」などと表現するかもしれません。

　しかし，多くの子どもは，そうした直接の質問に対して，「わからない」とか「なんにも考えていなかった」などと答えるでしょう。こう返事をしたからといって，必ずしもその子が自分の思考にアクセスできていないというわけではありません。直接の質問ではなく，間接的な別の方法が必要だと示唆しているのです。

■　間接的な方法──最近困っていることを話してもらう

　低年齢の子どもは，たぶん，最近困っていることを話すほうが簡単だと感じるでしょう。子どもがそのことを話したり，絵に描いたりしやすいように手助けし，子どもがそうしている間，何が起きたのか，その出来事をどう考えているのか，なぜそれが起きたと思っているのかをすべて伝えられているかどうかをチェックします。出来事の前後や最中など，特定の時点で何を考えていたのかを描写するよう促して，話の骨格を用意してやると，子どもは自分の「セルフ・トーク」を特定しやすくなります（Kendall and Chansky 1991）。また，子どもと話しながら，その時々で注意深く探りを入れたり，先を促したりすることで，子どもは自分の考えを把握しやすくなります。以下はその例です。

　9歳のルカは，母親が外出すると，ひどく動揺します。つい最近も，母親が夜，出かけようとしたときにパニックになり，母親は約束をキャンセルして家にいないといけなくなりました。ルカとのやり取りは以下のとおりです。

セラピスト	ルカ，ママが出かけようとしたとき，ずいぶん苦しくなっちゃったようだね。そのとき何が起きたのか，教えてくれる？
ルカ	ママはお友だちとお出かけするところだったの。でも，あたしはママにお出かけしてほしくなかった。ママがコートを着たら，すごく気分が悪くなりはじめて……。
セラピスト	すごく気分が悪かったの？
ルカ	そう。怖くてたまらなかった。心臓がドキドキして，すごく熱くなったの。
セラピスト	それから，どうなったの？
ルカ	あたし，泣いちゃって，ママに行かないでっていったの。
セラピスト	それで，ママはどうした？
ルカ	なんにも心配することはないのよ，っていって，朝には会えるから，って……。
セラピスト	それをきいて，どう感じたのかな？
ルカ	もっと気分が悪くなったわ。だって，ママが本当にあたしのこと，大事に思って

いるなら，あたしと家にいてくれるはずでしょ。

セラピスト	それから，どうなったの？
ルカ	ママがすごく怒ったの。「わたしが出かけたいと思うと，あなたはいつもわたしを困らせる」っていって。
セラピスト	そうなの？
ルカ	ううん，困らせてなんかいないよ。ママのことが心配なだけで，ママが本当に大丈夫か確かめたいのよ。
セラピスト	ママはどこか悪いのかな？
ルカ	それはないと思う。でも，いつもなんかの薬を飲んでるの，知ってるから。
セラピスト	じゃ，ママが友だちと出かけたら，どんなことが起きると思うの？
ルカ	わかんない。たぶん具合が悪くなって，病院に連れていかれて，あたしはママがどこにいるか，わかんなくなるんじゃないかな。

　セラピストはルカに，非常に具体的な（何が，どのようにして，どういう状態になっているかを問う）質問をしています。こうした質問をされたら，事実に基づいて，状況を説明しなくてはなりません。「なぜ」と理由を問う質問は，状況を問う質問より答えるのが難しく，しばしば対話が途絶えてしまいます。

　上の例はとても短いものですが，ルカが自分の考えを把握して相手に伝えていることがはっきり示されています。ルカは，母親の具合が悪くなって家に帰ってこなくなることを心配していました。母親が出かけるとパニックになり，出かけなければ，無事を確認できるというわけです。

■　ほかの人はどう考える？

　低年齢の子どもには，自分自身の認知にアクセスして，それを説明するのは難しいかもしれませんが，第三者の立場からものごとを見ることは可能でしょう（Kene and Kendall 1989）。すでに述べたように，低年齢の子どもは，厄介な状況を人形に演じさせたり，ゲームのなかでロールプレイしたりすることができます。そうして遊んでいる最中に，人形たちが何を思っているかを，セリフでいってもらったり，なんらかの形で表現してもらったりするといいでしょう。あるいは，子どもの焦点をそらして，ほかの誰かがその状況に陥った場合，その人はどう考えたら助かるだろうかと切り出し，それについて話し合ってもいいでしょう。

■　吹き出し

　非言語的アプローチの一つとして，子どもに漫画や絵を見せ，そのキャラクターが何を思っているのかを尋ねるというやり方があります。これは，KendallとChansky（1991）が提唱したもので，不安に取り組むための「ネコはどうするプログラム」（Coping Cat Programme: Kendall 1992）で用いられてきました。このプログラムでは，たとえば，アイススケートをしている子どもやバーベキューでソーセージを焼いている子どもがそのとき何を考えているのかを，クライエントの子どもにいってもらいます。

　このアプローチは，セラピストが用意できる素材に合わせて簡単にアレンジすることができます。たとえば次ページの絵では，ネコと金魚が何を考えているかを，子どもにいってもらいます。

gollykim/istock via Getty Images

ほかの原因を考える

　認知行動療法の次の重要な課題は，一つの出来事について考える際，考え方はいろいろあるということを子どもにわかってもらうことです。子どもはよく，考え方は一つしかないと決めてかかります。別の考えをもてるように手助けすることで，子どもは，今の考え方を見直すようになっていきます。

■　仮想の状況

　Doherr, Corner, Evans（1999）は，さまざまな出来事の原因について，子どもが自分の思っている原因とは別の原因を考えられるかどうかを調べるために，一連のシンプルな仮想の状況を考案しました。子どもにはさまざまなシナリオが示されますが，そのいくつかは，GreenbergerとPadesky（1995）が使ったものを見本にしたり，改作したりしたものです。たとえば，「校庭にいた子どもが友だちに『おーい』と大声で呼びかけましたが，その友だちはそのまま走っていってしまいました」というようなシナリオです。子どもは，なぜそういうことになったのか，できるかぎりたくさん原因を考えます。

　このようなアプローチは，問題解決スキルを探るときにも活用できます。ちょっとした場面を描いた絵を子どもに示し，できるだけ多くの解決方法を考えてもらいます。

■　創造を促す漫画

　子どもにつづきもののイラストや漫画を見せ，登場するキャラクターが何を考えているかについて，できるだけたくさん答えを考え，それを文字で書いたり，絵で描いたりするようにいいます。この作業をすることで，一つの出来事について考えるのにも，いろいろな考え方があることがわかるようになり，役に立つ考え方と役に立たない考え方の見きわめがはじまります。

　次ページのイラストで，イヌは子どもの宿題について何を考えているでしょうか？　それを絵や文章で表現して，吹き出しを完成させるよう，子どもに指示します。

感情に気づく

　数多くの認知行動療法プログラムが中核的要素としていることの一つに，感情教育があります。これは，子どもがさまざまな感情に気づき，それらを区別できるようになるのを手助けするために行なわれます。このような教育の場に参加するには，自分の感情にアクセスして，それを言葉で表現することができなくてはなりません。

　子どもが遊びやゲーム，描画を通して，自分の感情を特定し，それを表現できるように手助けするための素材は，さまざまな種類のものが数多くあります。低年齢の子どもは自分の感情を言葉で説明できるとは限りませんが，絵で表現することはできるかもしれません。同様に，「怒っている」など，一つの感情について話すだけかもしれませんが，よく注意を払って質問していくと，「ぷんぷん怒っている」だったり，「悲しくて怒っている」だったり，「怖くて怒っている」だったりすることが明らかになるかもしれません。

　クイズやゲームを使って，子どもが他者の感情を特定できているかどうかを調べることもできます。さまざまな感情状態にある人の絵を子どもに示し，その人がどんな感情を味わっているのかを，感情のリストから選んでもらうのです。また，セラピストがさまざまな感情を演じてみせ，各感情の名称をいってもらうこともできます。

思考，感情，出来事

　認知行動療法を支える理論モデルは，思考と感情と出来事のつながりを基盤としています。ごく簡単にいえば，一部の考え方が役に立たないのは，それら（赤い考え）が不快な感情を引き起こして，行動を阻止するからです。ほかの考え方がもっと役立つのは，それら（青の考え）のおかげで楽しい気分になり，やってみようという気持ちになるからです。

　ここでも，パズルやクイズを使うと，さまざまな状況におけるさまざまな感情に気づいていることを，子どもが明示できるかどうかを判断することができます。たとえば，いろいろな感情（怖い，嬉しい，怒っているなど）を書いたカード・セットを子どもに渡すなり，子どもに作らせる

なりして，さまざまな状況（たとえば，学校に入学した日，親友と遊んでいるとき，叱られているときなど）における気持ちをもっともよく表しているカードを選んでもらいます。同様に，さまざまな思考を抱いた（たとえば，「これはきっと間違える」，「この試合ではがんばった」，「友だちにいじめられそうだ」などと考えた）ときの感情を選んでもらうというやり方もできます。

認知行動療法に取り組むには，子どもは以下を行なわなくてはならない。

- ■ 自分の思考にアクセスして，それを伝える。

- ■ なぜその出来事が起きたかについて，それまでとは違う原因を考える。

- ■ さまざまな感情に気づく。

- ■ 思考と感情と状況をつなぐ。

▶ 子どもの認知行動療法でよく見られる問題

言語スキルが限られている

　低年齢の子どもを対象とした認知行動療法のプロセスは，通常，大人対象のそれより，教えて覚えさせるというやり方は少なくなります。セッションの間，子どもは普段より受身的で，きき役に回ろうとすることが多いかもしれません。このため，セラピストからいろいろ伝えることのほうが多くならざるをえないこともありますが，だからといって，子どもは認知行動療法に取り組むことができないということにはなりません。

　すでに強調したように，セラピストは，やり方を柔軟に工夫して，子どもの関心と好みに素材を合わせていく必要があります。このような状況では，非言語的な素材の活用を増やすといいでしょう。子どもはしばしば，遊んだり絵を描いたりしながら，自分の考えや気持ちを声に出していいます。同様に，ホワイトボードやフリップ・チャートなどの媒体を使うと，子どもが関心をもち，その結果，参加しようという意欲も高まります。

　とはいえ，こうして素材を工夫して用いても，セッションの間ずっと黙ったままで，どんな探りを入れても，どんな質問をしても，曖昧な返事しかしない子どももいます。そのような場合には，少し大げさなやり方で，質問に対する子どもの答えを推測して，それを声に出していってみると効果があるでしょう。同様に，もし子どもが自分自身のことを話すのをいやがるなら，第三者の似たような問題について話し合ったり，人形やロールプレイで問題を再現したりすると，もっと積極的に参加してもらえるようになります。

　最後にもう一点。場所を変えるといいでしょう。クリニックで座って話すのではなく，散歩に出るなどして，いつもよりリラックスした環境なら子どもがもっと話してくれるかどうか，様子を見ましょう。

認知スキルが限られている

　認知行動療法に取り組むには，認知スキルと記憶スキルと言語スキルが基本レベルに達している必要があります。したがって，発達上の重大な問題を抱える子どもは，このプロセスに直接取

り組むことはできないかもしれません。しかし，その状態が，子どもの認知能力が限られているために生じるのか，子どもがアクセスできる適切なレベルの認知的課題が設定されていないために生じるのかは，明らかにしなくてはなりません。

　視覚に訴える情報提示や平易な言葉遣いを増やし，抽象的な概念は具体性を高めて示すことで，学習障害のある子どもも認知行動療法に取り組みやすくなります（Whitaker 2001）。記憶の問題は，視覚的な手がかりやきっかけを与えることで克服できます。たとえば，問題解決の方法として，交通信号を使えるようになっている子どもは，ペンに色テープを巻いておけば，学校でこのシステム──赤は止まって考える，黄は計画する，青はやってみる──を思い出すことができます。同じく，決断ポイントを減らせば，課題を簡略化することができます。たとえば，かんしゃくを起こしそうな状況になったら，複雑な対応法を学ぶより，その状況の「外に出る」（すなわち，その場を離れる）ことで，子どもは救われます。

思考にうまくアクセスできない

　子どもはしばしば，自分の考えを見きわめて，それを言葉にするのを難しいと感じます。とりわけ，今考えていることを直接問われたとき，そう感じます。しかし，子どもの話にしっかり耳を傾けると，そこには思いこみや先入観，評価がはっきり出ていることが多いことがわかるでしょう。こうした場合，セラピストがTurk（1998）のいう「思考を見つける」役割を引き受けると役立つことがよくあります。子どもの話をききながら重要な考えを見つけて，適切なタイミングで，子どもの注意をそれらに向けるのです。会話を止め，子どもが今口にしたばかりの考えに注目させてもいいでしょうし，適切なときに，それを取り上げて要約してもいいでしょう。たとえば，最近あった「ホットな」〔第7章参照〕状況について子どもが話すのをきいたら，重要な感情とその感情に結びついている思考を見つけて，それを子どもに要約してあげます。

　子どもはよく，思考と感情を混同します。そのため，BelsherとWilkes（1994）は「混同による影響を調べる」必要があると強調しています。つまり，セラピストはセッション中，感情の変化によく注意し，気づいたこと（たとえば，「きみは，腹が立った原因について考えていたみたいだね」など）を子どもに伝えて，子どもが感情と結びついている思考を見きわめられるようにしなくてはならないということです。

　子どもが自分の認知に気づくのには，さらに助けを必要とすることもよくあります。そういう場合は，ソクラテス的質問をしたり，可能性のある考えをリストにして，子どもが「はい」「いいえ」で答えられるようにしたりするといいでしょう。セラピストがよく観察し，注意深く質問することによって，子どもは自分の感情の下に潜んでいる認知に気づき，それを言葉で表現できるようになります。

取り組もうとしない

　子どもは，通常，自分から心理的支援を求めることはありません。心配する養育者や教師に連れられて，セラピストのところに来ます。当人はそのような心配はしていないかもしれませんし，まさか支援が必要な問題があろうとは思ってもいないかもしれません。

　認知行動療法の中核的な特徴は，介入のもつ協働性です。もし子どもが目標を特定することができなかったり，自分で変えたいと思うことを見つけられなかったりする場合は，認知行動療

であれ，実際，他のどのような心理療法的なアプローチであれ，その使用が妥当かどうかを見直さなくてはなりません。ただ，これは念入りに調べる必要があります。子どもが自分に達成できそうな目標を定められないのは，当人のこれまでの経験から生じた結果かもしれないからです。つまり，「これまでずっとこうだったんだから，これからだって変わるはずがない」と思いこんでいるかもしれないということです。これまでとは別の現実的な可能性を探れるように手を貸してやれば，自分の状況は変わりうることを認識できるようになるかもしれません。

　同様に，たとえば，抑うつ症状のある子どもに見られるような意欲の欠如は，しぶしぶ参加しているせいかもしれませんし，何も期待していないせいかもしれません。このような場合は，動機づけ面接をして，その子どもが少なくとも認知行動療法をやってみる機会をもてるようにはしましょう（Miller and Rollnick 1991）。動機づけ面接は，基本的なカウンセリングの技法（たとえば，共感，肯定的配慮，傾聴など）を用いて，認知行動的介入（たとえば，肯定的な認知の再構成，強化など）を行ない，変化への関与を深められるようにします。面接では，子どもをはげまし，さまざまな出来事に関する自分の考えや感じ方を発言してもらいます。セラピストは，その発言によく耳を傾け，動機づけになりそうな徴候を選択して強化します。

変わることに対する責任を感じない

　子どもは，問題を認識し，変わるために目標を定めることはあっても，その目標を達成する責任が自分にあるとは考えないかもしれません。それが適切な場合もあるでしょうが，問題の原因を，器質的要因（たとえば，「これがぼくなんだ。そう生まれついたんだ」など）や，個人の変化する力ではどうにもならないと思われる外的要因に帰すこともあります。たとえば，いつも学校で問題を起こしている子どもは，そうなるのは自分が悪いのではなく，先生が不公平に自分に目をつけているせいだと考えているかもしれません（「もし先生がおれに目をつけなけりゃ，問題なんか起こさないよ」など）。本当にそうなのか，認知の歪みや偏った見方が反映された結果なのかは，調べる必要があります。しかし，当人も心を開き，少なくともそうした出来事に自分がどう原因として関わっているのかを探っていく覚悟をする必要があります。

親の関わり方

　子どもとの取り組みでは，親にどう関わってもらうか，介入のなかでどういう役割を担ってもらうかを考えることが重要です（Stallard 2005）。ごく限定的な関わり方としては，たとえば，各セッションの最後に加わったり，1〜2度，親子での検討会議に（推進役の協力者として）出席したりといった形があるでしょう。もっと積極的に，子どもと一緒に各治療セッションに参加することも可能です。治療は，子どもが抱える問題に焦点を絞りつづけますが，親は，自分の子どもが身につけつつあるスキルをしっかり知っておくことで，（たとえば，セラピストの協力者として）それらの活用を子どもに促すことができます。

　また，認知行動療法には，子どもに焦点を絞ったセッションも，親に焦点を絞ったセッションもあります。たとえば，前者では，セラピストが子どもに手を貸し，子どもが不安に対処するスキルを身につけ，それを実践できるようにします。後者では，親が（たとえば，クライエントの協力者として），子どもをはげまして心配事に立ち向かえるようする方法や，そうできた子どもに報酬を与える方法を，新たに学びます。

親は子どもと一緒に認知行動療法のプログラムに関わるべきだと提案したり，親が関わるときの最善の方法を提案したりする決定的なエビデンスはありません（Breinholst et al. 2012）。たとえば，不安を予防するために学校単位で行なう認知行動療法のプログラムは，親の関わりがまったくなくても有効であることが明らかにされています（Stallard et al. 2014）。

また，親のほうが，役に立たないやり方で我が子を問題から守ろうと一生懸命になりすぎることもあるようです。たとえば，子どもには，自分が動揺しないための習慣やルーティンがいろいろありますが，そういうことを親まで一緒になってすると，子どもはそうした習慣が不要だということになかなか気づくことができません。つまり，親が子どもにつき合ってしまうことで，子どもの活動が維持されるのです。このような場合，子どもと一緒にセッションに参加することで，親は，自分の行動が子どものルーティンにどのような影響をおよぼしているのかを理解し，別の対応法を探る機会を得ることができます。

さらに，親にも自分自身の心理的問題があって，それが面接に大きく影響することもあります。たとえば，親と子が同一の衝撃的な出来事に巻きこまれているというような場合です。しかし，親の苦しみがあまりに大きいと，子どもは自分自身の考えや感情について，心を開いて話すことができません。このような場合，もし親が各セッションに参加していないと，子どものニーズの取り組みに至ることはおそらくないでしょう。いつ，どのように親に関わってもらうかは，ケースバイケースで判断しなくてはなりません。

親と協働か，子どもと協働か？

親の関わり方については，さらに根本的な問題も生じます。協働プロセスに関することと，親子のいずれを第一のクライエントとみなすかという問題です。子どもは親とは異なる達成目標やそれに至る具体的な目標を立てる可能性があり，いずれに取り組むべきかという点が緊張を生みかねません。親もしくは大人の方針に従った場合，その目標が，確実に子どもを従わせようとする強圧的なものなのか，子どもに最大の利益をもたらそうという気遣いから生まれたものなのかという，倫理的な問題が生じます。

セラピストは双方から距離を取り，公平かつ客観的な立場を維持しつつ，それぞれの話に耳を傾け，それぞれに関心を示して，こうした異なる観点に対処しなくてはなりません。介入全体の達成目標——すなわち，子どもの心理的苦痛を低減するという目標——に繰り返し立ち戻り，それを明確にして，焦点がぶれないようにし，この目標は数多くの方法で達成されることが多い点を強調します。

たとえば，不安を感じて登校できない子どもは，最初の目標として，友だちとの外出を挙げるかもしれません。気楽な気持ちで友だちといられるようになれば，学校に戻ったとき，それが追加の支えになるでしょう。親は，登校に関する目標設定を望み，もっと直接的なやり方を主張するかもしれません。最初は子どもの方針に対応することで，子どもの考え方が重要であることや，どう変わるかの決定には，子どもが重要な役割を担っていることを，はっきり子どもに伝えることができます。しかし，親の方針も，放っておいたり無視したりするわけではありません。ひとまずおいておき，最初の具体的目標がいったん達成されたら，きちんと取り上げましょう。

早い時期に成果を最大にするには，達成目標を明確にすると同時に，その目標は達成可能なものでなくてはなりません。達成目標を確実に，具体的（specific）で，測定可能（measurable）か

つ達成可能（achievable）で，重要な意味をもち（relevant），適切な時間枠が設定された（timely）ものにするために，各特徴の頭文字をつないだ「SMART」を，目標作成の指針にしてもいいでしょう。優れた達成目標は，明確かつ肯定的に定義された具体的なもので，進歩を判断するために簡単に測定して評価できなくてはなりません。また，意欲をそそるものでなくてはならないと同時に，大きすぎて達成できないと感じるようなものであってはなりません。さらに，当人にとって重要な意味をもつ適切なもので，そこそこの時間枠内に達成できるものでなくてはなりません。定期的に進歩をチェックすることで，変化をモニターして，子どもや親の達成目標を再検討し，次に目ざすべき具体的な目標を見きわめ，親子で話し合ってそれを定めていくことができるようになります。

　また，親子はセラピストの助けを借りて，共通の目標を定めることもできます。March, Mulle, Herbel（1994）が開発した強迫性障害の治療プロトコルは，親子が協働して子どもの強迫性障害を克服していく方法の一例を示しています。子どもはセラピストにはげまされ，自分の強迫性障害にひどい名前を付け，強迫的な衝動の上に立つ方法を学びます。親はセラピストの助けを借りて，子どもと強迫性障害とをはっきり区別します。強迫性障害は病気として客観視し，子どもは親の助けを得てそれを克服することができるのだと認識することで，その区別ができるようになります。親子は，強迫性障害をやっつける一つのチームとして力を合わせるのです。

家族に重大な問題がある

　家族の動態は複雑であり，子どもが不当にも，家族の問題の全責任を負わされることもあります。そのような場合，子どもにだけ認知行動療法を行なって，もっと広範な家族の問題に取り組まないのは，適切ではありません。また，子どもに認められる認知の歪みや障害が，親の養育力不足や適応性を欠くものの見方を反映している場合も，子どもにだけ認知行動療法を行なうのは不適切であり，効果も望めません。子どもが「いつも親にこき下ろされるんだ」と訴えたとき，セラピストは徹底的な調査を行ない，それが認知の歪みによるものなのか，機能不全の家族をまさに映し出すものなのかを判断しなくてはなりません。これを判断して初めて，個人に対する認知行動療法がふさわしいのか，もっと体系的な手法がふさわしいのかがわかります。

家庭での課題に取り組まない

　認知行動療法は能動的なプロセスであり，通常，セッション以外で行なう情報収集とスキルの練習を含んでいます。子どもによっては，家庭での課題に関心をもち，熱心に取り組みたがる子もいれば，それをいやがり，いくらいっても課題を終えられない子もいます。この問題については，当の子どもと心を開いて話し合い，家庭での課題の理論的根拠と重要性を説明し，実際のところ，もしできるとして，どの程度のものなら取り組めるのかについて，合意を取りつける必要があります。言葉の遣い方も重要です。セッション外での課題や実験を「宿題」と呼ぶのは避けるほうがいいでしょう。子どもは「宿題」を否定的にとらえるかもしれないからです。

　課題に対する適切な取り組み方を見つけることも大切です。たとえば，思考日記を手書きするのはいやがっても，パソコンやスマートフォンに記録することには興味を示すかもしれません。また，電子メールで考えを伝えることに意欲を示す子どももいれば，ボイス・レコーダーに「考えを吹きこむ」ほうがいいという子どももいるでしょう。

認知行動療法に取り組むからといって，どうしても家庭での課題をやり終えなくてはならないというわけではありません。記録をつけつづけられない子どもの体験や思考や感情が，セッションでもアセスメントすることができます。最近の困った状況を話してもらい，その出来事に伴って生じた思考や感情を探っていきましょう。

しかし，家庭での課題の重要性が高まる時期があります。スキルを発達させて強化する段階に至ったときです。この時期，子どもは日常の条件下でスキルを練習し，それらが役立つことに気づいていきます。練習をしないと，自分のスキルを効果的に日常生活に取りこむことができないため，これまでとは違う行動を取れるようになりません。ただ，介入が進むにつれ，治療関係が強化され，もっとオープンで嘘のないものになっていき，それによって，家庭での課題をもっと楽なものにするにはどうしたらいいかを話し合いやすくなっていく見込みはあります。

短期の介入

子どもはしばしば，短期間で問題を解決したいと思っています。たいていは，「今ここ」で起きている差し迫った問題に取り組むことに関心をもちます。したがって，子どもが対象の場合，スキーマ，すなわち，中核的思いこみに取り組むことではなく，認知的なコーピング・スキルを身につけられるよう手助けすることに重きが置かれ，通常，種々の認知の歪みがもつ微妙な差異を理解するというような，抽象的で複雑な作業に焦点を絞ることは少なくなります。代わりに，子どもがしきりに望むのは，一定の認知的枠組みのなかで自分の問題を理解し，そうした問題にうまく対処できる適切な認知スキルや行動スキルを身につけることです。

このように，今起きている問題に集中するため，子どもを対象とする認知行動療法はしばしば，大人を対象とするそれよりも，セッション数が少なくなります。子ども向けに構成された認知行動療法の介入は12回から16回のプログラムにまとめられているものが多いのですが，臨床経験からいえば，多くの介入がこれよりもかなり少ないセッション数で終わっています。6セッション，もしくはそれ以下でも，重要な大きな変化が見られます。

「いってることはわかるけど，信じられない」

子どもはときに，認知行動療法の目的とさまざまな方法を理解していても，そのプロセスを体験するときには，距離を置いて理論を学ぶような形で臨んでいるように思われることがあります。それまでの思考を体系的に見直し，それらに代わる考えを生み出してはいるかもしれませんが，とにかく，自分が発見したことを信じていないのです。同様に，思考を受け入れ，なんの判断も加えずに観察する目的は理解できても，そうした思考の是非を論じるのをやめることができず，それらを放っておくことができません。そういう子どもには，さらに説明して練習を重ねてもらう必要があるかもしれませんが，いずれ，このアプローチでは効果が上がらないことがはっきりすることもあるかもしれません。

パートナーシップの真の精神からすれば，こうした事実はしっかり認めて，率直に話し合う必要があります。認知行動療法の基本理念は，子どもが自分の役に立つものを見つけることではありますが，役に立たないものを見つけることも同じように重要です。何が障害になりそうかを探り，思考を見直すやり方から，思考を受け入れて観察するやり方に変更するかどうか（あるいは，その逆にするかどうか）について，話し合わなくてはなりません。代わりの方法もやはり子ども

に受け入れられない場合は，認知行動療法でない別の方法を考えるべきです。

子どもを対象とした認知行動療法の取り組みによくある問題は，以下のとおりである。

- 言語スキルや認知スキルが限られていて，思考にうまくアクセスできない。

- 問題があるという自覚がない場合や，問題に取り組もうとしない場合がある。

- 親の役割と親にどう関わってもらうのかを見きわめなくてはならない。

- 家族に重大な問題がある。

- 家庭での課題に取り組まない。

- 迅速な変化を求めたり，アプローチの理解に問題があったりする。

◀第3章▶ 上手に考え，気分はスッキリ
本書のあらまし

　本書は一種の素材集で，認知行動療法の概念と方略を子どもや若者に合わせて工夫したワークシートを多数収録しています。そうした工夫の一つとして，思考をモニターする「考え太くん」，感情を見つける「気分ちゃん」，なんでも進んでやる「やるよちゃん」の3人が登場します。子どもや若者はこの3人の助けを借りて，認知行動療法の枠組みを理解し，自分の思考を探り，新しい認知スキルと行動スキルを身につけていきます。こうしたキャラクターには，たぶん低年齢の子どものほうが興味をもつことでしょう。低年齢の子どもは，このような第三者を介するほうが，思考や感情について考えるのも，それらを表現するのも，簡単だと感じるかもしれません。年齢が上がれば，キャラクターよりも素材そのものに集中するほうがよいこともあるでしょう。

　本書は，一つのパッケージとして体系的に提供することを目的としたものではありません。標準的なコースを代表するものでもなければ，包括的な認知行動療法のプログラムでもありません。提供しているのは，子どものニーズや子どもの問題の性質に応じて柔軟に活用できるさまざまな素材です。これらの素材には，どのようにすれば認知行動療法の概念を楽しく，シンプルに，わかりやすく伝えられるかが例示されています。

　本書は，以下の各項目についての教材と，それに併せて使用できるエクササイズを提供しています。

1. 自分を受け入れ，自分に優しくする
2. マインドフルになる
3. 思考と感情と行動のつながり
4. 自動思考
5. よくある思考の罠（考え方の誤り）
6. 思考を見直し，偏りのない考え方をする
7. 中核的思いこみ（心の中心にある「思いこみ」）
8. 新しい認知スキルを育てる
9. 感情を特定する
10. 不快な感情をコントロールする方略
11. 行動を変えるためのアイディア
12. 問題を解決するための取り組み

各項目には解説があり，重要な事柄については，具体的にわかりやすく要約しています。イラストや実例を示して，子どもが身近に感じている問題に，素材をどう関連づけたらいいのかがわかるようにもしています。解説部分は，コピーして配布したり，セッションの構成に活用したりすることもできます。このような構成になっているので，セラピストは，クライエントの子どもにもっとも適した問題に焦点を絞ることができます。

　各章には，複数のワークシートが用意してあり，子どもはそれらに助けられ，得た情報を自分固有の問題に適用できるようになっていきます。ワークシートは，認知行動療法の概念の伝え方を具体的に示すものであり，セラピストのみなさんには，これらを柔軟に活用していただき，ケースに応じて作り変えていただけたらと思います。

▶ 自分に優しくする

要約

　第4章が焦点を絞るのは，受容の必要性と，思いやりをもって優しく日常生活に取り組む姿勢の育成です。この章では，第三世代の認知行動療法の考え方を活かして，健康と生活充足感を促進するためのスキルを発達させます。子どもはここで，自分自身や自分の行動を非難したり，それらのあら探しをしたりするのではなく，そのままの自分を受け入れることを学びます。また，思いやりをもって優しく自分に接するスキルを身につけ，自分につらく当たったり批判的になったりするのをやめられるようになっていきます。

- そのままの自分を受け入れる。
- 自分の長所を認める。
- 自分に優しくする。

ワークシート

　ここでは，これまでより自分に優しくなれる8つの方法を紹介します。わたしたちは自分自身に対しては，ひどく批判的になることが多いのに，友だちに対して同様の批判をすることは，けっしてないのではないでしょうか。

　「友だちにしてあげるように，自分にもする」に取り組むと，自分に厳しい心のなかの声を見つけ，もし友だちがそれと同じようなことをいっているのをきいたとき，その友だちにどう声をかけるかを考えられるようになります。**「そのままの自分を受け入れる」**に取り組めば，自分を非難し自分のあら探しをしつづけるのをやめ，自分の長所と固有の資質を特定できるようになります。**「自分を大切にする」**は，出来事を振り返って自分自身を責める傾向をなくし，自分自身に気を配り，気分がよくなる方法を見つけるのに役立ちます。

　「今までより優しい心のなかの声」は，自分にもっと優しく語りかけられるようになるためのものです。子どもはこれにはげまされて，自分の気持ちを認める短い言葉——「こんなふうに感じているのは，自分だけじゃない」，「自分に優しくなろう」など——を声に出していう練習をします。最後は，**「優しさを見つける」**です。これは，子どもが自分や他者の優しい行動を探して，そ

れらに注目するのに役立ちます。

▶ 「今ここ」

要約

第5章では，マインドフルネスの考え方を活用して，子どもが「今ここ」で起きていることに注目できるように手助けします。子どもは長い時間をかけて，否定的なことが発生する状況を予行演習したり，ものごとがうまく進展していかないことを心配したりします。「今ここ」で起きていることに集中すれば，頭のなかを駆けめぐっているゴチャゴチャをきれいに片づけられるようになります。

マインドフルネスの手ほどきは，「FOCUS」の5ステップを踏んで行ないます。まず，最初のステップで「今ここ」で起きていることに意識を向けます（**F**ocus）。次に，「今ここ」で起きていることを観察します（**O**bserve）が，これは興味（**C**uriosity）をもって行ないます。つづいて，その体験を，五感を働かせて（**U**se）しっかり味わい，その体験に集中しつづける（**S**tay）ようにします。注意がそれたら，そっと戻します〔各ステップを説明する英語の頭文字をつなぐとFOCUSとなる〕。

- ■　F：今起きていることに意識を**向ける**（Focus）。
- ■　O：今起きていることを**観察する**（Observe）。
- ■　C：**興味**をもつ（Curiosity）。
- ■　U：五感を**働かせる**（Use）。
- ■　S：それに**集中しつづける**（Stay）。

ワークシート

子どもがマインドフルネスを日常生活に取り入れられるように，さまざまなエクササイズを用意しています。「**呼吸にFOCUSする**」は，どこでもさっとできるエクササイズで，子どもが自分の呼吸に集中するのを手助けします。同様に，「**食べることにFOCUSする**」も，食事どきに短時間でできるエクササイズで，自分が今食べているものに集中するよう，子どもを促します。「**身の周りのものにFOCUSする**」は，1日に1度行ない，子どもが，いつも使っている身の周りのものに集中するのを手伝います。

「**キラキラびんを作る**」は，頭のなかに次々と思い浮かぶ思考と，その思考がどう落ち着いていくかを視覚化する方法を教えてくれます。「**思考をじっと見て見つける**」は，思考から一歩離れて，その思考に関与したり反論したりしないでいられるようにします。このテーマは，「**感情が浮かんでは消えていくのをそのまま見送る**」でも扱っていて，このエクササイズでは，感情から一歩離れて，それが浮かんでは消えていくのを，子どもに見守ってもらいます。

要約

　第6章では，認知行動療法の概要を述べ，思考と感情と行動の間のつながりを説明します。異なるタイプの思考（自動思考，中核的思いこみ）を説明し，予測の役割を明らかにし，役に立つ思考と役に立たない思考が感情と行動におよぼす影響について述べます。「ダメの罠」についても説明します。ダメの罠にはまると，役に立たない思考が不快な感情を発生させ，不快な感情は行動を制限することになります。

- ■　心理教育
- ■　認知行動療法の中核を成す要素
　　　——思考，感情，行動——の概要

ワークシート

　「**考え，気持ち，行動はどのように関係しているか**」は，思考の発達過程と，思考と感情と行動の間のつながりについて，要約したものです。「**考え，気持ち，行動**」は，この三者間のつながりを，子どもが心から楽しめる肯定的な出来事に関連づけます。三者間のつながりが異なる状況でどう働くかは，「**ダメの罠**」で説明します。これら二つのエクササイズを比較すれば，考え方がいかに重要かを強調することができます。考え方のなかには，役に立ち，気分を盛り上げ，行動する意欲を高めてくれるものもあれば，役に立たず，気分を滅入らせ，行動を思いとどまらせるものもあります。

　最後に，子どもにもよりますが，感じ方は，感情（情動）と身体の変化（生理反応）とに分けて説明することができるという点にも触れます。たいていの場合，こうした説明は不要ですが，子どもが自分の情動反応を，身体疾患の徴候として感知している場合には，役立ちます。

　「**映画のひとこまを作る**」は，子どもがさまざまな状況で体験している自分の思考と感情を特定するのに役立ちます。子どもは，ある出来事について文字で書くなり，映画のコマに見立てて絵で描くなりするように指示され，その後，自分が特定できた思考や感情があれば，それに追加します。

　「**もしもクイズ**」は，子どもがしそうな予測を見つける方法で，「**考え（思考），気持ち（感情），行動クイズ**」は，認知行動療法の枠組みとなる三つの中核的要素を区別できるようにするパズルです。いずれも，対象の子どもに合わせて変更や修正を加えます。アセスメントで明らかになったその子どもの中心テーマを質問のなかに組みこみ，それをクイズやパズルに取り入れます。

▶ 自動思考

要約

　第7章では，頭のなかで繰り返し再生されるCDのメタファーを使って，自動思考を説明します。認知の三要素（自分自身に関する思考，自分の行動に関する思考，自分の将来に関する思考）を導入し，それらを使って，子どもの思考のさまざまな焦点を見きわめていきます。自動思考には，有用ではげみになり，子どもを楽しい気分にさせるものもあれば，無用で意欲をくじき，子どもを不快にするものもあります。前者は，「進め！」の思考として説明し，後者は，「止まれ！」の思考として説明します。また，自動思考がたいへん理に適っているように思われるのはなぜか，その理由を説明し，肯定的な自動思考と否定的な自動思考が感情と行動におよぼす影響についても探ります。最後に，強い情動反応を引き起こす「ホットな考え」をなぜ特定する必要があるのかを強調します。

- ■　自動思考と認知の三要素の導入
- ■　思考のモニタリングと，よくある否定的で役に立たない思考の特定

ワークシート

　「『ホットな考え』日記」を使えば，年長の子どもや若者は「思考と感情」日記をつける形で，自分の「ホットな考え」と，それらの考えが感情にどうつながっているかを記録するシステムを作ることができます。もし家庭でのモニタリングが難しいなら，セッションのなかで「『ホットな考え』を探るメモ帳」を使えば，子どもは自分が，自分自身や自分の行動，自分の将来について，どういうことをよく考えるのかに気づくことができます。同様に，「『止まれ！』の考え」と「『進め！』の考え」を使っても，自分がよく抱く思考を特定することができます。

　システム化された日記やエクササイズは，一部の子どもには役立ちますが，なかには，もっと柔軟なやり方を好む子どももいます。そういう子どもには，たとえば，パソコンやスマートフォンに日記を記す，セラピストに電子メールで「ホットな考え」を送る，ボイス・レコーダーなどに考えていることを吹きこむ，時々浮かんでくる考えを，とにかく「見つける」といった作業を促すのも一つの方法です。

　認知の三要素については，考えを記入する吹き出しを使ったものがあります。「**自分に関する考えを探してみよう**」，「**自分のすること（行動）に関する考えを探してみよう**」，「**自分の将来に関する考えを探してみよう**」では，各要素について考えていることを，吹き出しに絵で描くなり，文字で書くなりしてもらいます。ここでもまた，セラピストが特定した重要なテーマを，吹き出しを使って追求することもできます。低年齢の子どもが自分の考えをなかなか言葉にできない場合は，その子が考えそうなことを親にいってもらってもいいでしょう。

　自分の思考にどうしてもアクセスできないという子どもには，「**何を考えているのかな？**」が役に立つかもしれません。イラストのキャラクターたちが何を考えているのかを，子どもに提案してもらうのです。「**考えは一つだけじゃない**」では，イラストのキャラクターたちが考えていること

とを，二つか三つ，考え出さなくてはなりません。これは，一つの出来事に関する考え方は複数あることや，考え方には，「よい」も「悪い」もないことを示しています。これらのワークシートを使うと，その子どもが認知を特定して言語化できるかどうかを調べることができ，思考を説明するという着想を子どもに教えることもできます。

▶ 考え方の罠

要約

　第8章では，出来事のとらえ方に偏りを発生させる思考の罠として，認知の歪みを取り上げます。思考の罠にはまると，肯定的な出来事を見過ごしたり，その重要性を見くびったりします。ここでは，思考の罠に主に見られる5つのタイプを説明します。

- マイナス面ばかりを見る考え方。ダメなところばかり見るため，否定的な出来事が注目され，肯定的なことはすべて見過ごされる（選択的抽出，肯定面の無価値化）。
- ダメなところを大げさに強調する考え方。そのため，否定的な出来事の重要性を誇張して強調する（二分法的思考，拡大思考，過度の一般化）。
- 悪いことばかりを予測する考え方。きっと悪いことが起きるだろうと考える（恣意的推論）。この思考の罠にはまると，他者が考えていることや将来起きることを推測する。
- 自分を責める考え方。否定的なレッテル（何をやってもダメというレッテル）を自分に貼る。すなわち，うまくいかないことはすべて，自分のせいだと考える（個人化）。
- 失敗する自分を作り出してしまう考え方。すなわち，完璧であることを期待して，不可能な基準を自分に課すことが多い（非現実的な期待）。非現実的な基準には，しばしば，「〜すべき」「〜しなくてはならない」といった言葉が含まれる。

- よくある考え方の誤りの特定
- 思考のモニタリングと，個人的な罠の特定

ワークシート

　「考え方の誤りを見つける」は，子どもが否定的な思考を見つけ，そうした思考のせいで生じている一般的な認知の歪みを特定できるようにするためのものです。ここでも，このワークシートのプロセスは，子どもに合わせて変更し修正することができます。また，セッション外で課題をしてもらうのが難しい場合は，対面でのセッションでそれに取り組んでもらってもいいでしょう。

　「誤った考え方をしていないかを調べてみよう」では，子どもが認知の歪みの5タイプそれぞれにどの程度該当しているか，どのタイプの特徴をもっとも多くもっているかを，配布プリントの質問に答えてもらうことで簡単に評価することができます。

▶ バランスの取れた考え方

要約

　第9章では，子どもがさまざまな方法を使って，自分の考え方をチェックし，検証できるようにします。あらゆる証拠を探し出し，新たに見つけた考え方が誤りのない公正なものであることを確信できるようにするのです。そのために，具体的な一連のステップを踏み，問題の考え方を支持する証拠や反証を調べ，他者の視点を取り入れたり，考え方の誤りをチェックしたりもします。最終的には認知の再構成を行ない，あらゆる証拠に基づいて，これまでとは異なる，もっとバランスの取れた考え方を見つけます。

- ■　認知の評価
- ■　思考の検証
- ■　認知の再構成
- ■　偏りのない思考

ワークシート

　「その**証拠**は？」は，子どもが思考検証のプロセスに慣れるようにするためのものです。否定的な思考を特定したら，それを支持する証拠やその反証を裁定したり，自分がそういう考え方をしているのを他者がきいたとしたら，その他者はなんというだろうかと考えたり，自分は考え方の誤りにはまっていないかを判断したりしながら，検証を進めていきます。

　「4C」すなわち「**見つけて，調べ，見直して，変える**」は，思考を見直して再構成するまでを，4段階に分けて進むよう，子どもや若者を手引きします。まず，よくある否定的思考を見つけたら，自分が考え方の誤りにはまっていないかどうかを調べます。つづいて，自分の考え方を見直し，見過ごしたり退けたりしている肯定的なことがないかを探します。子どもや若者が，すべての証拠に基づいて，自分の考えをもっとバランスの取れた有用な考え方に変えられるようにします。

　子どもは自分の考え方のなかで立往生し，代わりの考えがまったく浮かばなくなることがあります。そういう場合は，第三者の視点で状況を見るようにいいます。「**どのようにして友だちを助ける？**」では，もし友だちが自分と同じような考え方をしているのをきいたら，その友だちにどのような言葉をかけるかを，子どもに尋ねます。

▶ 心の中心にある「思いこみ」

要約

　第10章では，中核的思いこみを取り上げます。中核的思いこみを特定するには，「それって，どういうこと？」と質問する下向き矢印法を使います。中核的思いこみの反証を積極的に見つけていくことでその思いこみが正しいかどうかを検証するプロセスを説明します。中核的思いこみは強力で，それに異議を唱えても，容易に変わろうとはしないと考えられています。この見解を説

明し，そうした思いこみに取り組むには，他者と話し合う必要があることを強調します。

> - 中核的思いこみを特定する。
> - 中核的思いこみの見直しをして，検証する。

ワークシート

　「**心の中心にある『思いこみ』を見つける**」は，「それって，どういうこと？」と質問する下向き矢印法を使い，中核的思いこみを発見するエクササイズです（Burns 1980）。子どもが質問に答えるたびに，「それって，どういうこと？　もしこれが本当なら，これはあなたにとってどういうこと？」と訊き返して，最終的に中核的思いこみを明らかにします。Greenberger と Padesky（1995）は，中核的思いこみが，「わたしは，〜なの」や「ぼくには，〜があるんだ」，「ほかのみんなは，〜なんだ」など，独断的ないい方として現れるという事実を指摘しています。

　中核的思いこみを特定できたら，「**この思いこみは，常に正しい？**」を使って，思いこみの正当性を検証できます。この検証では，その思いこみが必ずしも100％真実とは限らないことを示すあらゆる証拠を——どんなにささいな証拠であっても——探していきます。最後の「**誰もがもっている『思いこみ』チェック**」を使えば，多くの子どもが15の思いこみをどれだけ強く認識しているかを評価することができます。セラピストはこの評価結果から，どの思いこみを取り上げるかを判断し，なぜ同じ問題が何度も発生するのか，なぜ結局同じ考え方の誤りにはまってしまうのかを，その子どもが理解できるように手助けします。

▶ 考えをコントロールする

要約

　第11章では，役に立たない思考の管理に使えるさまざまな考えや方略を紹介します。否定的な認知や生理的な徴候から注意をそらし，その方向を転換させるには，どうしたらいいのか，その方略（たとえば，注意をそらすこと，没頭できる活動をするなど）を説明しています。否定的な思考を止めたり（思考中止），その思考の音量を絞ったりする方法（イメージ法）についても説明しています。これまでより偏りのない役に立つ思考ができるようになるには，自分をほめたり，自分をはげましたりできるようになることも肝心です。最後は，自分の予測を実験して検証するよう，子どもをはげまし，自分の思考や想定が真実かどうかを確認してもらいます。

- 注意をそらす。
- 没頭できる活動をする。
- 自分をはげます。
- 自分をほめる。
- 思考に「ストップ！」という。
- 行動実験をする。

ワークシート

　誘導に従って発見を進めていく「考えていることが本当なのか調べる」では，子どもが行動実験を考案して，自分がよくもつ考えや思いこみの正当性を検証できるようになっています。予測と実験結果を比較することで，役に立たない思考と考え方の誤りを特定し，見直し，それらが発生する可能性を減らせるようになります。

　「**自分の考えを見直してみよう**」は，よくある否定的な思考をやめ，その代わりに，もっとバランスの取れた考え方をする方法を提供します。

　よりバランスの取れた思考を育てるのに役立つエクササイズは，三つあります。「**よいところを探してみよう**」は，毎日起きる肯定的なことを，子どもやその親に積極的に探してもらいます。これは，親子が子どもの欠点や正しくないものごとに注目しすぎる場合に，特に役立ちます。「**自分をほめる言葉**」は，子どもが，失敗した分野に注目するのをやめ，達成したことを見つけて認めることができるようになるのを手伝います。まだ達成できていないことを探すのではなく，うまくできたことを見つけてほめるように子どもをはげますのです。「**自分をはげます言葉**」では，子どもが，不快になる思考を自分で特定し，そのように考えるのをやめて，自分をはげます言葉——よい結果を出し，リラックスした気分を高め，不安を減らすのに役立つ自分への言葉——をかけるようにします。これは，何かとても難しいことをしようとしているとき，たいへん有効に働き，意欲を高めてくれます。

　役に立たない思考への注目を減らすのに役立つエクササイズも，三つあります。「**考えを止める**」はとてもシンプルな方法で，輪ゴムをパチンと鳴らして，子どもが否定的な思考に耳を傾けるのをやめ，注目する先を変えることができるようにします。低年齢の子どもの場合，「**心配事を金庫にあずけてしまおう**」を使えば，実質的に思考を中止させることになります。何かの箱を「金庫」に見立て，そこに心配事をしまえるようにしておきます。心配事が発生したら，子どもはそれを絵で描くなり，文字で書くなりして，金庫にしまいます。金庫を「解錠」できるのは，セラピストか親と一緒のときです。このようにすることで，セラピストや親は，子どもがどのようなことをどの程度心配しているのかを知ることができます。三つ目は「**オーディオプレイヤーを止めてみよう**」という想像力を働かせるエクササイズです。思考は，頭のなかのオーディオプレイヤーが再生して発生するものだと考えるのです。子どもはこのメタファーに助けられて，頭のなかにオーディオプレイヤーを思い描き，そのスイッチを切るところを想像します。繰り返し浮かんでくるイメージに悩まされている子どもは，この方法を少し変え，DVDプレイヤーのスイッチ

を切って画像をストップさせるところを想像するといいでしょう。

　「うまくいくための練習をしよう」も，想像力を働かせるエクササイズで，これは，子どもがこれまでより前向きに，困難な問題や厄介な状況に立ち向かうことができるようにするためのものです。子どもは自分の課題をできるだけ詳細に想像しますが，ここでは，自分自身がそれにうまく対処して，よい結果を出すところをイメージします。

▶ 自分の気持ちに気づく

要約

　第12章では，感情教育に焦点を絞り，感情にはいろいろな種類があることにもっとよく気づいてもらいます。そして，ごく一般的な不快な感情——すなわち，緊張，落ちこみ，怒り——について説明します。感情と思考と行動の関係も強調します。

- ■　感情教育
- ■　感情のモニタリング

ワークシート

　「考えと気持ち」，「行動と気持ち」では，思考と感情と行動の三者間の関係が強調されています。「気持ちを表現してみよう」では，いろいろな感情があることを子どもに示します。子どもがゲームを通して，感情にはいろいろあることに気づいたら，そのなかのどの感情が普段一番よく感じるのかをきいてみてもいいでしょう。低年齢の子どもには，人の輪郭が描いてある「自分の気持ち」シートに，自分の感情を描いてもらいましょう。今の気持ちを見つけて，名前を確認し，それぞれの気持ちにふさわしい色を選び，どの気持ちをどれくらいもっているかによって，人の輪郭をそれぞれの色で埋めるよう，子どもに指示します。

　年長の子どもや若者には，「あなたは，どんなときに悲しい気持ちになりますか？」，「あなたは，どんなときに怒りを感じますか？」，「あなたは，どんなときに不安な気持ちになりますか？」，「あなたは，どんなときに幸せな気持ちになりますか？」を使って，自分の感情に注意を払ってもらいます。悲しみ，怒り，不安，楽しさを感じたとき，自分の顔や体がどのような様子になるのか，どのような行動を取るのかを見きわめてもらうのです。子どもは，感情の説明を終えたら，どのくらい頻繁にその感情を抱くか，評価します。これは，その感情に関連する思考や行動を探る話し合いにつながっていくでしょう。このシンプルなエクササイズは，修正を加えて，上記以外の感情にも適用することができます。自分の感情をうまく説明できない子どもには，他者の感情を見きわめてもらうといいでしょう。さまざまな感情を表している人の絵や写真を新聞などから集め，その人たちがどう感じているかを子どもに推測してもらうのです。同様に，セラピストがいろいろな感情の状態を演じてみせ，子どもに推測させるというやり方もできます。

　「感情と状況」，「どんなときに，どんな気持ちになるかな？」では，感情と状況を結びつけます。このワークシートには，感情と状況がそれぞれ複数書いてあるので，子どもは，どの状況で

どのような気持ちになるのかを，線で結んで示します。ほかにも，自分がよく抱く感情と，自分の人生で重要な意味をもつ場所と出来事とを，子どもに記録してもらってもいいでしょう。子どもはこれを土台にして，各状況をもっともよく表す感情の選択に進みます。感情と状況／出来事とのつながりは，もっとも楽しくなる状況／出来事ともっとも不快になる状況／出来事を特定することで，さらに強調することができます。

　最後に，「**気持ちや考えの強さを測る温度計**」があります。これは，子どもが自分の感情や思考の強さを評価するときに役立ちます。感情や思考の強さは変化します。その変化に気づくことが重要です。というのも，不快な感情や役に立たない思考を完全に取り除くことが目的ではないからです。自分がコントロールしているのだという感覚を高め，そうした不快な感情や役に立たない思考の強さを低減させられるようになることが目的だからです。評価が徐々に変化していることに気づけば，改善の経過を追うことができます。評価という手段を取らなければ，そうした改善にも気づかないままになるかもしれません。

▶ 自分の気持ちをコントロールする

要約

　第13章では，不快な感情をコントロールする実践的な方法を見ていきます。まず，筋肉を緩めて体をリラックスさせる方法と，もっと短時間でできるリラクセーション・エクササイズを説明します。呼吸法も役に立ちますし，運動や没頭できる活動など，ごく普通にしていることにも心を鎮める効果があるので，これらについても説明します。リラックス効果のあるイメージ法は，心が落ち着く特別な場所をイメージすることで，身につけることができます。最後は，火山のメタファーを使って怒りを説明し，火山の爆発を防ぐ必要性を説きます。

- ■ 感情のマネジメント
- ■ 身体のリラクセーション
- ■ 呼吸法
- ■ イメージを用いるリラクセーション
- ■ 怒りの管理

ワークシート

　低年齢の子どもには，「**イヤな気持ちを閉じこめる部屋**」を使って不快な感情を軽減させる方法が役立つかもしれません。これは，「**心配事を金庫にあずりこしまおう**」に似ている方法で，自分用の「イヤな気持ちの部屋」を作り，不快な感情を絵で描いたり，文字で書いたりしたものを，そこにしまいます。ここでもやはり，セラピストや保護者とともにその内容を検討し，その感情の内容や程度を見きわめることが大切です。「**リラックスするために，わたしがすること**」では，該当する活動を吹き出しに記入して，自分の心が落ち着くと思う活動をはっきりさせていきます。

　「**リラックスできるようになる**」も，低年齢の子どもに役立つでしょう。ここでは，「船長さん

の命令」のようなゲームをしながら，筋肉を緊張させたり緩めたりします。年長の子どもや若者は，イメージ法のほうに興味をそそられるかもしれません。「**心が落ち着く場所**」を使えば，そうした場所を特定して想像し，その場所の様子を説明できるまでになるでしょう。場所をイメージするときには，その情景をできるだけ詳しく説明し，そこで生じるさまざまな感覚（視覚，嗅覚，触覚などの反応）を明確にすることが重要です。

「**怒りの火山**」は，強烈な怒りを爆発させた経験のある子どもに，メタファーとして使うことができます。子どもは，自分の怒りが増大していく様子を語るよう促され，落ち着いていた状態から爆発するまでの経過を，どのような考えが生じて，どのような生理的反応が生じ，どのような行動を取るに至ったかという観点から説明していきます。この経過は，火山の絵のなかに順次記入していきます。こうすることで，子どもは自分の怒りがどのように増大していくかを把握できるようになり，火山（怒り）の爆発を防ぐために，もっと早い段階で介入できるようになります。

▶ いつもと違う行動をしてみる

要約

　第14章では，思考と感情が行動に与える影響を説明します。積極的に活動することがいかに重要かを述べ，まずは，楽しめる活動を増やすことを提案します。つづいて，子どもが自分の生活を自分で管理する力を取り戻すのに効果がある方法として，何をするかしないかの予定の調整，課題を小さなステップに分解して取り組む方法，段階的エクスポージャー，反応妨害法を取り上げます。

- ■　活動のモニタリング

- ■　何をするかしないかの予定の調整

- ■　行動活性化

- ■　段階的進展

- ■　系統的脱感作

- ■　反応妨害法

ワークシート

　「**楽しい気持ちになるもの探し**」，「**イヤな気持ちになるもの探し**」では，思考の吹き出しに，うきうきしてくるものとイヤな気持ちになるものを絵や文字で記入して，はっきりさせていきます。「**もっと楽しもう**」でも，楽しい活動を見つけることができるでしょう。根底にあるのは行動活性化に関する原理です。その原理に基づき，暇な時間を減らして，生活に取り入れる楽しい活動を増やすように，子どもをはげまします。

　「**自分の行動を日記に記録してみよう**」では，子どもが自分のしている活動を説明し，その日の時間ごとの気分を評価します。こうして感情と活動をモニタリングすると，特定のパターンが見

つかり，ある時間やある活動が特に強い不快感と結びついていることがわかるようになります。パターンがわかれば，何をするかしないかを調整することができます。楽しい活動を増やしたり，強い不快感と結びついている時間を避けて予定を調整する方法を探したりすることができるようになります。

　「**少しずつやってみよう**」では，厄介な作業や難題も，小さなステップに分解すれば，うまく処理する確率を高められるという考え方を説明します。子どもはまず，セラピストや親の手を借りて，小さく分解した課題を，あまり不安にならずにうまくやり遂げられそうな比較的簡単なものから，次第に難しいものへと序列化します。そして，簡単なものがうまくできたら，次の段階に進みます。

　強迫的な習慣がある子どもには，「**簡単なことからだんだんと難しいことに取り組んでみよう**」が役立つでしょう。子どもはまず，自分の習慣をすべて見つけます。そして，なくすのがもっとも簡単そうな習慣が一番下，もっとも難しそうな習慣が一番上になるように，それらを並べます。ここでもまた，最下段のもっとも簡単なものからはじめて，その習慣をなくすことができたら，次のステップに進むのが，成功の秘訣です。

　「**怖い気持ちに挑戦する**」は，恐怖を感じている難題を克服するのに役立ちます。これは「**少しずつやってみよう**」を発展させたもので，難題を系統的に，達成可能な小さなステップに分解して行ないます。そののちに，自分をはげます言葉とリラクセーション・スキルを使って恐怖に立ち向かい，その対処を進めます。この方法は，反応妨害法のプログラム「**習慣になっている行動をやめてみよう**」のなかでも用いられています。「**習慣になっている行動をやめてみよう**」では，子どもが自分の行動をコントロールする力を付け，習慣をやめることができるように，手を貸します。長くつづけてきた習慣は手強いので，子どもには，傍らではげまし手助けしてくれる人が必要です。

　本章では，全体を通して，自己強化と成功報酬の必要性を強調しています。たとえどんなにさいさいな成功でも，それを祝って自分にごほうびをあげましょう。「**自分にごほうびをあげよう**」を使えば，自分にごほうびをあげる方法をいろいろ見つけられようになります。

▶ 問題を解決できるようになる

要約

　問題が持続する場合，共通する理由が三つあります。考えずに行動すること，感情に支配されること，新しい解決方法を見つけられないこと，の三つです。第15章では，より効果的な問題解決スキルの育成法について説明し，自己教示型の交通信号を活用した「立ち止まる，計画する，行動する」方式で問題に取り組むことを提案します。つづいて，これまでとは異なる考え方と，結果を想定する考え方を強調し，新しい問題解決スキルをどのように生み出しうるかを探ります。最後に，新たに身につけたスキルは実際に（イメージ上でも，現実の場面でも）使って練習しなくてはならないという点を強調します。

- ■ これまでとは異なる考え方
- ■ 結果を想定する考え方
- ■ 自己教示訓練

ワークシート

「**問題を解決する方法を探す**」は，思考の吹き出しを活用して，低年齢の子どもがいろいろな問題解決方法を考えられるようにするためのワークシートです。年齢の進んだ子どもには，「**実際に使える解決方法を見つける──あるいは式考え方**」を使って，これまでとは異なる考え方をすることの重要性を伝えます。子どもには，自分の問題の解決方法をできるだけたくさん考え出してもらい，方法を一つ挙げるたびに，末尾に「あるいは」を追加して，別の方法を提案してもらいます。

これまでとは異なる解決方法を特定することができたら，「**その方法をやってみたらどうなる？**」に取り組み，それらの解決方法を使った場合の結果を想定する考え方を発展させていきます。各解決方法の肯定的な結果と否定的な結果を見きわめ調べることによって，自分の問題解決に最適なものを見つけ出すという問題解決方法を学ぶのです。この段階では，すぐに出る結果と長期的な結果，自分自身の役に立つ結果と他の関係者の役に立つ結果を考えるよう，子どもをはげますことが重要です。最後に，「**うまくいっている人にアドバイスをもらう**」を使い，その人と話をしたり，その人を観察したりするよう，子どもをはげまします。

自己教示訓練式の問題解決方法を使えば，子どもは「**立ち止まり，方法を考えて計画を立て，実際にやってみる**」を身につけられるようになります。交通信号のイメージを発展させ，子どもが立ち止まり，行動計画を立て，その計画を実行できるようになるのを手助けします。最後に紹介する「**自分にいいきかせる方法を利用しよう**」でも，自分の問題を解決できるようになります。うまく問題に対処している人を観察したり，その人の話をきいたりすることで，よい結果を出しているその人のやり方を，子どもが内在化できるように手助けします。行動計画は，最初は声に出して自分にいいきかせますが，次第に声を小さくしていくと，その計画は内在化され，自分のものになっていきます。

第4章

自分に優しくする

わたしたちは必ずしも自分を大切にするのが得意ではありません。自分に対して厳しくなり，優しくなることがよくあります。たとえば，こんな調子です。

▶ 自分を**いじめる**。

▶ 自分の行動に**厳しくなる**。

▶ うまくできなかったことについて自分を**責める**。

▶ 完璧でないと**恥ずかしいと思う**。

わたしたちは幼いころから，うまくいくとほめられ，努力することを勧められ，よく人と比較され，ベストを尽くしなさいといわれます。それが意欲につながることもありますが，次のような場合には問題になります。

▶ 自分の行動や出した結果に**満足できない**。

▶ うまくいかなかったことはすべて自分のせいだと**自分を責める**。

▶ **うまくいかなかった**部分に注目する。

▶ けっして**自分のよさを認めない**，あるいは，**自分の成功をほめられない**。

hafakot/123RF

INNER VOICE

このような場合，わたしたちは心のなかで**自分に厳しい声**を自分にかけています。自分をねぎらったりいたわったりせず，思いやりのない態度を取り，ずっと自分を責めつづけます。うまくいきなかったことがあると，自分のせいだと自分自身を非難します。その結果，悲しくなったり，腹を立てたり，くよくよ悩んだりします。

こんなふうに自分で自分に優しくできず，自分を傷つけてしまうのではなく，次のことを受け入れてみましょう。

▶ ものごとは**うまくいかない**こともあるよ。

▶ 誰も**完璧な人**はいないよ。

▶ 誰しも**間違い**はあるよ。

▶ **意地悪される**こともあるよ。

自分に**もっと優しく**しよう。ありままの自分を気楽に**受け入れたり**,自分の長所を認めたり,うまくできたことはほめたりできるようになろう。

自分に優しくする8つの方法

「自分に優しくする」とはどういうことか,最初は違和感があるかもしれません。もしあなたが自分に厳しい心のなかの声を当たり前と思っているならば,そう思わないようになるには時間がかかるかもしれません。これから,自分に対して,これまでより優しくできるようになるのに役立つ習慣を8つご紹介します。

友だちにしてあげるように,自分にもする

Dawn Hudson/
Shutterstock

わたしたちは,自分の欠点を見つけたり,自分を批判することのほうが得意です。**自分に厳しい心のなかの声**は,自分のことを「役立たず」だ,「ダメ人間」だ,「弱虫」だなどといったり,「ばか」,「まぬけ」,「負け犬」などと呼んだりします。そんなふうに自分を責めつづけ,結局,ストレスや怒りが大きくなり,落ちこんでしまいます。

わたしたちは自分自身に対して一番厳しくしてしまいます。友だちにはそこまで厳しい目を向けないでしょう。では,ここで少し考えてみてください。もし友だちが自分自身に厳しくしているのを見たら,あなたはその友だちにどう声をかけますか?

▶ もし友だちが,「わたしを好きな人なんていない」といったとします。でも,おそらくあなたは,「あなたを好きな人なんて,どこにいるのよ? わたし,一人も知らないわ。わたしだって,あなたが嫌いだし」とはいわないでしょう。

▶　もし友だちが，「おれって，ばかだから，こんなの，できない」といったとします。でも，おそらくあなたは，「ほんと，ばかだね，できるわけないよ」とはいわないでしょう。

▶　もし友だちが気にしていて，「なんか，全部悪いほうに行っちゃう」といったとします。でも，おそらくあなたは，「ほんと，何をやってもダメだね。きっと，ずっとそうよ」とはいわないでしょう。

　おそらくあなたは，上の例のような言葉をかける代わりに，次のようにすることでしょう。

▶　相手のことを**心配する**。

▶　相手を**慰め**ようとする。

▶　相手に**優しい**言葉をかける。

▶　相手を**元気づけ**ようとする。

　友だちにできるのですから，自分に対しても責めるのをやめられるはずです。友だちにしてあげるように，自分にもしましょう。
　自分に厳しい声をかけていませんか？　その声に気づいたら，自分自身のことについて考えていることやいっていることを書き出します。当たり前になっていてなかなか気づくのは難しいかもしれませんが，これかなと思ったら，その自分に厳しい声がいっていることを，そっくりそのまま書き出すのです。
　次に，もし友だちがそれと同じことを思ったりいったりしていたら，**あなたはその友だちにどんな言葉をかけますか？**　友だちにかける言葉を考えてください。
　友だちにしてあげるように，自分にもしましょう。そして，厳しすぎない，もっと優しいメッセージを自分に送りましょう。

　自分に厳しい心のなかの声をきいても，自分を責めるのではなく，**自分に優しい**言葉をかけてみましょう。友だちにしてあげるだろうと思うことを，自分にもしましょう。

落ちこんでいるときに自分をいじめない

Evgenii Naumov/123RF

　ストレスを感じたり，腹を立てていたり，落ちこんだりしているとき，そういう気分になっている自分を責めて，ますます自分を追いつめるのはやめましょう。風邪をひいたからって，自分がいけなかったんだと自分を責めたりはしないでしょう？　お薬を飲んだり，寝たり，体が冷えないようにして，自分に優しくし，気分がよくなるようなことをするでしょう？

　風邪をひいたときと同じように，イヤなことがあって，気分が浮かないときは，自分を責めたり，厳しくしすぎたりしないようにしましょう。そういうときこそ，落ちこんでいる**自分にできる優しいこと**はないかな？　次に挙げるようなことはどうでしょうか。

▶　お風呂に長くつかって，リラックスした気分を楽しむ。

▶　ゲームをする。

▶　お気に入りの連続ドラマやビデオを一話観る。

▶　散歩に行く。

▶　ケーキやビスケットなど甘い物を食べる。

▶　ココアを飲む。

ヒントを一言

気分が落ちこんでいるからって，そんな自分がイヤになって自分をますますいじめていないかな？　そうすると，気分はもっと暗くなってしまうよ。そういうときこそ自分で自分に優しくしよう。つまり，**気分がよくなるようなことをしよう。**

自分を許す

jessicaphoto/istock
via Getty Images

　自分の心のなかの声は，自分のダメなところを見つけるのがとても得意です。ダメなところに注目して，失敗したり間違ったりした部分を責めるのではなく，そういうところがあってもいいよと自分を**許し**ましょう。自分に厳しくなっているとき，次に挙げる理由を思い出してください。

▶　**誰しも間違いがある。** 間違いは誰にでもあることだから，何かを間違っても，自分を責めるのはやめましょう。うまくいかない部分もあるかもしれないと頭のすみに入れてください。そして，もし間違ったり，うまくいかなかったりしたら，次はうまくいくように間違いから学びましょう。

▶ **誰にも調子のよくない日はある。** 調子がよくて，うまくいく日もあれば，調子が悪くてうまくいかない日もあります。現実はそんなものです。明日は今日とは違う日になるかもしれませんから，明日またがんばってみましょう。何か違うことが起こるかもしれません。

▶ **焦らない。** 焦らず，ゆっくり，じっくりいきましょう。何事もうまくいくようになるには，時間がかかるものです。たとえば，自転車に乗れるようになったときのことを思い出してみてください。1回で乗れるようになったわけではないでしょう。ピアノやバイオリンなど楽器を弾く人は，今くらい弾けるようになるには，時間をかけて練習してきたはずです。運動だって同じです。やはり，何事もできるようになるには，時間がかかるのです。だからこそ，まだできていない部分を見て，「まだまだ」とか「自分はダメだな」と責めるのではなく，できている部分に目を向けて，自分をほめましょう。

ヒントを一言

間違ってもいいよと自分を**許そう。** だって，間違ったり，失敗してもそこから**学ぶ**ことができるし，次に生かすことができるのだから。

自分の行動をほめる

smartboy10/istock via Getty Images

　わたしたちは当然，できたらうまくやりたいと思っています。でも，そう思うほどはうまくできなくてがっかりしてしまうことはよくあります。あなたはどうでしょうか？　こうしたいと高い目標を立てて，うまくいかなくてがっかりということはありませんか。実は，そうがっかりしなくても大丈夫なのです。そのためには自分がしたことをほめられるようになりましょう。

▶ **人と比べない。** わたしたちは，うまくいっている人に目が行ってしまい，その人と自分を比べがちです。でも，そうすれば，当然自分はまだまだ足りないと感じます。いつも人と比べて，その人よりもできる必要はないのです。自分は自分です。

▶ **常に「一番」ではいられない。** あなたは周りが自分よりできると思うことはありませんか。実際できる人もいるでしょう。たとえば，キラキラ輝いて見える女優，歌手，スポーツ選手にもできなくて苦労することがあります。だから，自分が今できていることや自分らしさに注目して，なんでもかんでも一番でないといけないと思うのはやめましょう。

▶ **「べき思考」を避ける。** 「〜すべき」や「〜なくてはならない」という

言葉は，うまくいっていないと思わせる状況に自分を追いこむことになります。何かを「すべきだ」とか，何かを「しなくてはならない」という言葉を使っているときには，すでに，自分が今までにしてきたことは正しくないとか，充分ではないといっているのと同じことです。それよりも，今までできてきたこと，今うまくいっていることに目を向けて自分をほめてあげましょう。

▶ **成功をほめるのではく，努力をほめる**。結果だけに注目すると，まだできていないことに気づかされます。自分としては今の時点でできるだけがんばっているのだから，結果ではなく，そのがんばりや努力に注目しましょう。

自分ができていることを見つけて，これは**ほめたい**と思うことを，毎日，一つか二つ，書き留めましょう。それはやがて長いリストになるので，それを見て，自分がやり遂げてきたことに気づき，今までがんばってきた自分をほめてあげましょう。

そのままの自分を受け入れる

Krasimira Nevenova/Shutterstock

　わたしたちは，自分のダメなところを見て，もっとこうなりたいとか，自分を変えたいとよく考えます。たとえば，今の自分自身に満足しないで，もっと背が高くなりたい，もっとやせたい，もっと頭がよくなりたい，もっと人に好かれたい，もっと運動神経がよくなりたい，と思うかもしれません。

　では，もっとこうなりたいと思うのではなく，そのままの自分を受け入れてみましょう。

　そのためには，以下を思い出してください。

▶ **自分らしさ**－がまん強い？　一度決めたらフラフラしない？　がんばり屋？　親切？　頼りになる？　感性が豊か？　正直？　飲みこみがはやい？　ねばり強い？

▶ **友だち関係**－あなたは人の話をきくタイプ？　協力的？　誠実？　気がつく？　信用される？　気配りができる？　人の力になろうとする？　よく笑う？

▶ **あなたの外見**－背が高い？　スタイルがいい？　目や髪，肌，手，爪，口，歯はどう？　よい声？

▶ **あなたのスキル**－スポーツは得意？　楽器を弾ける？　得意な科目がある？　絵が描ける？　演じるのが好き？　ゲームや料理，歌うことは好き？　メイクが上手？　手先が器用？　植物を育てたり動物の世

話をしたりするのが好き？

Dawn Hudson/
Shutterstock

 ヒントを一言
こうなりたい，変えたいと思ってばかりいないで，**そのままの自分を受け入れましょう。**なぜならあなたは，今だって世界に一人しかいない大切な存在なのですから。

自分に優しい言葉をかける

自分に厳しい心のなかの声は，冷たくて意地悪です。恥ずかしくて口には出せないようなことを，心のなかで語りかけてきます。その代わりに**もっと優しい心のなかの声**を育てるようにしましょう。

気持ちがあたたかくなったり，元気が出るような「優しい」言葉を，一つか二つ，考えてみましょう。

▶ 「うう，きついなあ。でも，みんなも，いろいろうまくいかないって思ってる。自分のこと，大事にしなきゃな」

▶ 「ほんと，まいっちゃう。でも，わたしと同じように感じてる人，いっぱいいるだろうな。今の自分を受け入れよう」

▶ 「ああもう，腹が立つ。でも，誰だって頭に来ること，あるもんな。自分なりにやるだけやってみよう」

 ヒントを一言
1日のはじまりと終わりに，自分に**優しい言葉をかける**ようにしましょう。鏡の前に立ち，自分に向かって優しい声ではっきり，それをいってみましょう。

人のよいところを見る

不安や怒りを感じていたり，気持ちがへこんでいたりするときは，以下のように感じることがあります。

▶ みんなが**自分のあら探しをしたり，**自分を非難したりしている。

▶ 誰もかれもが**自分をはずそうとしている**みたいだ。

▶ こんなことは**自分にしか起きない。**

▶ みんな，**意地悪か，不親切**だ。

あなたは周りの人たちのことを意地悪だという前提で見ていないですか？そのように見ている場合は，意地悪な部分に目が行ってしまい，意地悪だという証拠を集めています。そして，探せば探すほど，証拠はたくさん見つかります。

では，ここで違う見方をしてみましょう。人が，自分や他の人を気づかってくれたり，優しくしてくれたことを思い出してみるのです。今，思い出させなくても，人と接するとき，人の優しさや気づかいに意識を向けましょう。人にはきっとよいところがあるという前提で人の**優しさを見つける**のです。あなたの周りの人は次のようなことをしていませんか？

▶ わざわざ時間を割いて，人と話をしたり，人の話をきいたりしている。

▶ 「きみのトレーナー，いいね」とか「髪型，決まってるよ」など，人が嬉しくなるようなことをいっている。

▶ 人を気遣い，人をハグしたり，人に飲み物を用意したりしている。

▶ 食卓の用意や食器洗いなどの家事を手伝っている。

▶ 自分の好きな音楽を人にきかせたり，もっているチョコレートを分けたりしている。

▶ 思いやりのあるeメールやメッセージを送っている。

▶ 「ありがとう」といっている。

▶ 誰かを大笑いさせたり，笑顔にさせたりしている。

人のよいところを探し，1日に一つ，**誰かが親切にしているところを見**つけましょう。人は，自分が思っていたより優しいことに気づくかもしれません。

人に優しくする

人に優しくしてもらうとどんなに気持ちになりますか？　あなたはわかっていますよね。だったら，ちょっとだけ気をつけて，**誰かほかの人に優しくする**というのは，どうでしょう？　毎日，誰かの何かを一つほめたり，誰かににっこりしたり，手伝うよといったり，時間を取って相手の話に耳を傾けたりしましょう。

1日の終わりに，その日自分がした親切があれば，すべて書き出しましょう。そして，**誰かに優しくするために**，明日，自分には何ができるかを考えてみましょう。

わたしたちの心のなかの声はとても**厳しく**，**意地悪**なことがあります。自分を責めるのはやめて，以下をするようにしましょう。

▶ 自分自身を**大切にする**。

▶ 人に**優しくする**。

▶ そのままの自分と自分の行動を**受け入れる**。

　ものごとは簡単にはうまくいかないこと，わたしたちは完璧ではないこと，人には間違いがあること，傷つくことも起こるものだということを，忘れないようにしましょう。

　起こった出来事について，落ちこみすぎたり，自分を責めたりしないでください。それを受け入れられるようになりましょう。

友だちにしてあげるように、
自分にもする

　わたしたちは、自分自身には厳しく意地悪なことをしょっちゅういいますが、友だちには、けっしてそのようなことはいわないでしょう。

　自分に厳しい心のなかの声に気づいたら、自分が今考えていることや、自分のことをどう呼んでいるかを、そっくりそのまま書き出します。

　もし友だちがそれと同じようなことを考えたりいったりするのをきいたら、その友だちにどう声をかけますか？　さあ、自分に対しても、友だちにしたのと同じようにしましょう。自分自身への優しいメッセージを以下に書きましょう。

自分に厳しい心のなかの声はなんといっている？

友だちが同じことをいっているのをきいたら、その友だちにどう声をかける？

じゃ、自分にはどういえばいい？

心のなかの声を、もっと優しくて、
今の自分を受け入れてくれるものにしていこう。

そのままの自分を受け入れる

　わたしたちは長い時間をかけて，自分の欠点（けってん）について考え（かんが），どうにかして変わりたいと願います。

　そのままの自分を受け入れ，自分に関（かん）する以下のことについて，その下の囲みのなかに記入（きにゅう）しましょう。

▶　自分らしさ

▶　友だち関係（かんけい）

▶　スキル

▶　長所

自分の特別なところはなんだろう？　自分らしさ，友だち関係（かんけい），スキル，長所は？

強（つよ）みに注目（ちゅうもく）すると，

自分は特別だと自覚することができるでしょう。

自分を大切にする

落ちこんでいるとき，そういう気分になっていることについて，自分をいじめたり責めたりしないようにしましょう。逆に自分で自分を大切にしましょう。

どんなことをしたら，気分がスッキリしますか？　気分をスッキリさせてくれるお楽しみリストを作りましょう。

気分をスッキリさせてくれるもの

落ちこんでいるときや，つらい1日を過ごしたときは，自分で自分を大切にしよう。
何か楽しいことをして，気分をスッキリさせよう。

今までより優しい心のなかの声

　自分に厳しい心のなかの声は冷たくて意地悪なので，もっと優しく自分に語りかける練習が必要です。

　自分が落ちこんでいるとき，そういうこともあるよと受け入れようとする言葉や，自分を大切にしようと気づかせてくれる言葉を考えましょう。たとえば，次のような言葉です。

　「今，きついなあ。でも，誰にだって，うまくいかないことはあるさ。自分を大切にしなきゃ」

　１日のはじまりと終わりに鏡の前に立ち，今までより優しい言葉を，はっきり声に出して自分に繰り返しましょう。

今までより優しい心のなかの声

今までより優しい心のなかの声

今までより優しい心のなかの声

優しく，はっきりと，上に書いた言葉を繰り返そう。

優しさを見つける

　毎日，数分の間，今日どんなことがあったかを思い返し，誰かが自分に優しくしてくれたこと，あるいは，自分が誰かに優しくしたことについて，例を一つ挙げましょう。

日　付	あったこと

優しさ探しをすると，自分自身や自分の周囲の人たちに対して，
それまでより前向きな気分になることができる。

◀第5章▶ | # 「今ここ」

　わたしたちの心は，いつもせわしなく動いています。すでに起きたことについてあれこれ長い時間考えたり，これから起きることについて心配したりします。

　過去や未来について考えることは，**役立つこともあります。**たとえば，次のようなことで役立ちます。

▶　未来の問題を避けるために，過去の出来事から**学ぶ。**

▶　次にもっとよくなるために，行動を**変える。**

▶　未来の出来事に取り組む**準備をする。**

▶　難しいことにどう対処するか，**計画を練る。**

　ただ，わたしたちはときに，過去の出来事を思い出したり，未来の心配に時間をかけすぎます。そうなると，**役に立たない考え方**をするようになります。

▶　過去に起きた**イヤなこと**や**納得できないこと**を，何度も思い返す。

▶　きっと**うまくいかない**だろうと考える。

▶　自分は**対処できない**だろうと考える。

▶　**不安，悲しみ，怒り**を感じる。

　過去の出来事を思い出したり未来の心配に時間をかけすぎたりするせいで，わたしたちは「**今ここ**」で起きていることに気づかないことがあります。

自分の行動，本当にわかっている？

　今朝，自分がどのように顔を洗ったか，顔を洗ったときの状況を，本当にわかっていましたか？

▶ 石けんはどんな**香り**だったかな？

▶ 顔をぬらした水は，どんな**感触**だったかな？

▶ ハミガキはどんな**味**だったかな？

▶ 洗面台から水が抜けていくとき，どんな**音**がしたかな？

▶ 蛇口は何に**似て**いたかな？

　登校中，自分がどのように学校に向かっていたかの状況，本当にわかっていましたか？

▶ 車の音や鳥の鳴き声，人びとの話し声を**きいた**かな？

▶ 一歩一歩進んでいくときの足の**感触**に注意していたかな？

▶ 途中にあったいろいろな道路標識を**見た**かな？

▶ 花や車や食べ物の**におい**に気づいたかな？

ヒントを一言

「今ここ」に集中すると，気分がよくなり，頭のなかに次々と浮かぶ考えに影響されず，落ち着けるようになります。

FOCUS する

　わたしたちの心は，練習することによって，「今ここ」で起きていることに注目できるようになります。この方法を身につけるのには，新しいことを身につけることと同じように練習が必要で，時間がかかります。
　FOCUS という言葉を憶えておくと，心を訓練するときのステップを思い出すことができます。

▶ F：今起きていることに意識を**向ける**（**F**ocus）

▶ O：今起きていることを**観察する**（**O**bserve）

Victor_Brave/istock via Getty Images

Ron Leishman/Shutterstock

▶ C：**興味**をもつ（**C**uriosity）

▶ U：**五感を働かせる**（**U**se）

▶ S：それに**集中しつづける**（**S**tay）

今起きていることに意識を向ける（Focus）

大きな望遠レンズがついたカメラを覗いていると思ってください。

patrimonio designs ltd/ Shutterstock

▶ カメラを覗く前には，いろいろなものが目に入ってくることに気づくでしょう。

▶ カメラを覗くと，あなたの目に入ってくるものは狭まっています。意識の集中度が高まります。もうすべてを見るわけではなく，見えている小さな部分を，じっくり見はじめます。

▶ 拡大していくと，意識はさらに集中し，さらに細かい部分に注目しはじめます。

今起きていることを観察する（Observe）

よく注意して観察し，見えているものを説明しましょう。観察する項目は次のとおりです。

Chudomir Tsankov/123RF

▶ 形

▶ 大きさ

▶ 色

▶ 感触

このとき初めてそれを見たつもりになってください。念入りに観察して，誰かほかの人にそれについて説明しているところを想像してください。

興味をもつ（Curiosity）

観察中は，よくよく注意して調べ，少なくとも一つ，これまでに見たことのなかったこと，気づいたことのなかったことを見つける努力をしましょう。

ColinCramm/Shutterstock

▶ 木を観察しているとしたら，木の幹はどんな模様ですか？　木の幹の模様まで気づいていますか？　枝は何本見えますか？

▶ ドレッシングのびんを観察しているとしたら，ラベルにはなんと書いてありますか？　賞味期限はいつですか？

　興味をもち，あなたが観察しているものについて，自分自身にきいてみましょう。

▶ 朝食用のシリアルは，どのくらい経つと湿気るのかな？

▶ 歯を磨くとき，歯ブラシを何回上下に動かすのかな？

　わたしたちは，身の周りのありきたりのものの多くを，実際にはよく見ていなかったり，そうしたものについて，あまり考えていなかったりします。ですから，興味をもって，注意深く観察しましょう。

五感を働かせる（Use）

　自分の五感の一つひとつに意識を向けてみてください。それぞれの感覚から，感じられることをすべて意識するようにしましょう。

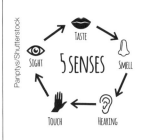
Panptys/Shutterstock

▶ におい

▶ 音

▶ 感触

▶ 光景

▶ 味

それに集中しつづける（Stay）

Welf Boris Weidner/123RF

　集中力が切れて，別のことを考えはじめている自分に気づくことはありますか？　たとえ，そういうことがあっても心配は要りません。

　「今ここ」に意識を集中させていられるようになるために練習しましょう。今のあなたの注意力はしつけ前の子犬のようです。子犬は走り回るのが大好きで，目に見えるものにはすぐに興味をもち，あなたのとなりにじっと座っていてくれるなんてことはありません。落ち着きのないそんな子犬はあなたの注意力と似ていませんか？

　集中力を練習する前のあなたの注意力は，自分がしていることに意識を集中しないとすぐに散漫になり，心はいろいろなことを感じ，頭のなかに

は次々とさまざまな考えが思い浮かぶことでしょう。

　子犬が散歩中に好き勝手に走り回ったら，子犬を呼び止めますよね。自分の注意が定まらないと気づいたときには，子犬を呼び止めるのと同じように注意を呼び止め，「今ここ」にしっかり意識を戻すようにします。そして，「今ここ」で起きていることに集中しつづけるようにします。

呼吸にFOCUSする

Memo Angeles/Shutterstock

　呼吸は，「今ここ」に意識を向ける練習に打ってつけです。1〜2分の間，邪魔の入らない静かな時間を選びましょう。両手を胸に置き，力を抜いて楽な姿勢で座ってください。目を閉じたいと思うかもしれません。できたら目を閉じてください。でも開けていたほうが落ち着くならそうしてください。

▶ 呼吸に意識を**向けます**。

　注意を，鼻，口，胸，肺に集中します。

▶ 呼吸を**観察しましょう**。

　鼻からゆっくり息を吸い，口からゆっくり吐き出します。そのとき，空気が鼻のなかを通っていき，体のなかに入り，口から温かい空気が出ていくのをじっくりと意識しましょう。呼吸に合わせて，胸がふくらんだり，へこんだりして上下することにも注目しましょう。

▶ **興味**をもちましょう。

　自分の呼吸の仕方について，何か新しいことに気づきましたか？　30秒間に何回呼吸していますか？　息を吸い込むほうが吐き出すより，長くかかりますか？　吐き出す息は，吸い込んだときより温かくなっていますか？

▶ 五感を**働かせます**。

　▶ 呼吸するたびに胸がどう上下するかを**見よう**。

　▶ 息を吸うときの音と吐くときの音をよく**きいてみよう**。

　▶ 鼻から吸い込む冷たい息と，口から吐き出す温かな息を**感じよう**。

▶ それに**集中しつづけましょう**

　息を最初に吸うときを「1」，次に吐き出すときを「2」と数え，これをつづけて「10」まで数えます。

集中できず，いろいろな考えが思い浮かんでも落ち着きましょう。呼吸に意識が向かず考えにとらわれたり，気持ちがそわそわしていたりすることに気づいたら，すぐに意識を呼吸に戻して，ふたたび呼吸を数えつづけましょう。

ヒントを一言

当たり前のことですが，普段は意識せずにたえず呼吸しています。「今ここ」では，その呼吸にあえて意識を向けます。そんなに難しくないと思いますので毎日1〜2分呼吸に意識を向ける練習をしてください。

食べることにFOCUSする

zanicm/istock via Getty Images

わたしたちはいつも何かと忙しくしていて，普段している日常的なことの多くに意識を向けることはありません。ここでは，当たり前のようにしている「食べる」ということを取り上げて，それに意識を向ける練習をします。

ケーキでも，チョコレートでも，果物でもかまいません。好きな食べものを食べることで練習してみましょう。

何を食べるか，準備はできましたか？

▶ これから食べようとしている食べ物に意識を**向けます**。

食べ物をじっくり見つめてください。

▶ 食べ物を**観察しましょう**。

手に取り，じっくりよく見てください。

▶ **興味**をもちましょう。

何か新しい発見はありましたか？　これまで気づかなかったことを見つけましょう。食べてください。口に入れたら，飲みこむまで何回それを噛んでいますか？　口の一部分を使って噛んでいますか？　それとも，口全体を使っていますか？　その食べ物がのどを通って胃に降りていくのを感じることができますか？

▶ 五感を**働かせて**，その食べ物を感じ取ってください。

　　▶ **見た目は？**　どんな形で，どんな色？　表面にはつやがある？　それともくすんでいる？

　　▶ どんな**におい**がする？　においはする？　あまいにおい？　それとも，酸っぱいにおい？

　　▶ どんな**感触**？　固い？　それとも，柔らかい？　もろい？　もっ

ていると形が変わる？

▶ それを口に入れると，どんな**味**がする？　あまい？　酸っぱい？　はっきりとした味？　いろいろな味が混ざっている？

▶ 食べると，どんな**音**がする？　噛み切ると，ポリッと音がする？　それは大きな音？　それとも小さな音？　噛んでいると，音が変化する？

▶ それに**集中しつづけましょう。**

どのひと口も，まるで今初めてその食べ物を口にしたかのように，じっくり観察しましょう。もし食べることに集中できずいろいろな考えが思い浮かんでも，意識をそっと食べ物に戻します。

ヒントを一言

食事をはじめたら，最初の数口にFOCUSして，それを食べるのは初めてだと思ってみましょう。

活動にFOCUSする

ser_sh/Shutterstock

「今ここ」に意識を向けるためだからといって，じっと座っている必要はありません。散歩など，毎日の活動の一つに意識を向けてみましょう。よくあることですが，歩いていると，意識はどこか別のところにあり，歩くという活動自体に何が起きているかに，実はまったく気づいていないということがあります。

▶ **歩いていることに意識を向けます。**

歩いている足に意識を向けてください。

▶ 踏み出す一歩一歩をよく**観察しましょう。**

そのときのことに注目しましょう。

▶ 一方の足が地面を踏んでいるとき，もう一方の足をどう上げているか。

▶ 足の裏にはどんな圧力がかかっているか。

▶ 靴や靴下が足をどう押さえつけているか。

▶ 足を上げたとき，それはどう軽くなるか。

▶ 靴の下の地面はどんな感触か。

▶ **興味**をもちましょう。

一歩を踏み出すとき，足のどことどこの筋肉を使っているでしょうか？
一歩の歩幅はどれくらいですか？　左右どちらの足から歩きはじめますか？

▶ 五感を**働かせて**，歩くことに集中しましょう。

> ▶ **見える**ものに焦点を絞る。すれ違うものの色や形，大きさ，模様に注目する。
>
> ▶ **きこえる**ものに焦点を絞る。風や雨の音，鳥の声，車の音に集中する。
>
> ▶ **感触**に焦点を絞る。顔に感じる暑さや寒さ，肩にかかるカバンの重さ，足元の石のゴツゴツに集中する。
>
> ▶ **におい**に焦点を絞る。雨の湿ったにおい，花のあまい香り，調理中のにおいに集中する。

▶ それに**集中しつづけましょう。**

もし歩くことに集中できずいろいろな考えが思い浮かんでも，意識を歩くことに戻します。少なくとも10歩進む間は，歩くことへの集中を保つようにしましょう。

毎日，一つの活動にFOCUSしましょう。どのように起床しているのか，どのように飲み物を用意しているのか，着替えはどうか，携帯電話のチェックの仕方はどうかなど，日常の活動から何か一つ選んで，自分が実際に何をしているのかを知りましょう。

身の周りのものにFOCUSする

Zern Liew/Shutterstock

わたしたちは，自分が毎日使ったり見たりしているものの多くに，あまり注意を払っていません。自分が使っているテレビのリモコンや携帯電話，ノートパソコンの絵を描いてみましょう。描き終えたら，実物をよく見て，細かな点をどれだけ見すごしているかを確認してください。

毎日一つ，日用品を選び，それに意識を向けましょう。身の周りにある以下のようなものなら，なんでもかまいません。

▶ 自分のペン

▶ 自分の携帯電話

▶ カップや皿

▶ 歯ブラシ

▶ 家の鍵

▶ ドレッシングのびん

▶ 通学に使うバスや電車

▶ 窓の外の木

　FOCUS（フォーカス）のステップを使って，1分間，選んだものをじっくり探りましょう。

ヒントを
一言

　これは，いつでもどこでもできるので，選んだものにしっかりFOCUS（フォーカス）し，初めて見たかのように，それを興味をもって見てみましょう。

自分の考えから一歩離れよう

　わたしたちはよく，すでに起きたことについてくよくよ考えつづけたり，これから起きることについて心配しつづけたりします。そのせいで，考えには**強い影響がある**ように思うのかもしれません。その理由は以下のとおりです。

▶ あまりに頻繁に自分の考えに耳を傾けるため，そうした考えを現実のこととして**受け入れる**から。

▶ そうした考えはもっともらしく思えるため，それらを**見直すことはめったにない**から。

▶ 自分の考えが正しいことを支持する**証拠**なら，どんなに小さなものでも**さがす**から。

▶ そのように考えるからには，**それらは真実に違いないと信じて疑わない**から。

　わたしたちは以下のことを**忘れています**。

▶ 頭のなかに次々と思い浮かぶ考えは，**自分が創り出している**。それは，過去や未来について自分がどう思っているかを示している。

▶ **思考は次から次に浮かんでは消えていく**。一つの考えが消えていくと，別の考えが浮かんでくる。心はいつもせわしなく動いていて，考えは

71

次々と自然に頭に浮かび上がる。

▶ それらは，**すべてを物語っているわけではない**ことが多い。頭のなかに次々と思い浮かぶ考えの多くは，否定的なことに注目している。

▶ あなたの考えの多くは**事実ではない**。そう考えたからといって，実際に起きるわけではない。

ヒントを一言

自分の考えから一歩離れましょう。自分が何を考えているかに気づいても，考えは考えとして，そのまま受け止めましょう。それらは自分が創り出した考えであり，すべて，浮かんでは消えていきます。

考えをじっと見て見つける

Svetlana Zhukova/
Shutterstock

あなたの考えは，混雑した駅を次々と通り抜けていく電車や，道路を走り抜けていく車にたとえられます。プラットフォームや道路脇に立って眺めていると，何台もの電車や車が行き来するのを目にするでしょう。考えはその電車や車のようなものです。

▶ あっという間に通り過ぎるものもあれば，ゆっくり進むものもある。

▶ 目を引くものもあれば，さほど目を引かないものもある。

▶ 車両がいくつもつながっている長い電車やはでな色の車もあれば，車両が数両しかない短い電車や落ち着いた色の車もある。

▶ 同じ車種もあれば，違っている車種もある。

航空機をじっと見て見つけようとするように，**考えもじっと見て**見つけてみましょう。今自分が考えていることに意識を向け，頭のなかに次々と思い浮かぶ考えを，電車や車にたとえて想像してください。そうした考えのなかには，次のようなものもあることに気づくはずです。

▶ 頭をさっとよぎるもの，しばらく居すわるもの。

▶ イヤな気分になるもの，そうでないもの。

▶ 頭から離れないもの，そうでないもの。

▶ 似ているもの。

そのような考えを次のようにしてみましょう。

▶ 考えから**一歩下がって**，離れて**観察しましょう**。

▶ 考えが**浮かんでは消えていく**ことに気づきましょう。

▶ それらに**反応してはいけません**。考えを否定したり，考えないようにするのはやめましょう。

▶ そう考えていることを意識しつつも，**それらが去っていくのを見送りましょう**。

考えをこのように意識したことはないと思います。ですから，最初は違和感を感じるかもしれません。でも，練習するうちに，考えをじっと見て見つけることに慣れていきます。ポイントは，まず考えていることに気づくことです。ただし，それらをなくそうとしたり，反応したりはしないでください。

自分の感情から一歩離れる

　イヤな気持ちの多くは，もう起きてしまった過去の出来事について考えたり，まだ起きていない未来について心配したりすることから生まれます。ときには，そうしたイヤな気持ちが**強すぎて，自分が圧倒されてしまう**こともあります。イヤな気持ちがとても強く感じられ，行動がコントロールされるのです。

▶ 不安を感じると，本当にしたいことをするのを**避けたくなる**かもしれない。

▶ 悲しみを感じると，出かけるのを**やめて**，家に一人でいたくなるかもしれない。

▶ 怒りを感じると，友だちと**いい争ったり**，けんかになったりするかもしれない。

　このような気持ちを感じて，自分がダメな人間だと思いはじめるかもしれません。わたしたちは気持ちや考えの影響を受けて自分を悪く評価するのです。

▶ 不安になると，なんて自分は**弱い**のだろうと，自分自身を批判するかもしれない。

▶ 悲しくなると，自分は**負け犬**だと思いはじめるかもしれない。

▶ 腹が立つと，自分は**ひどい**人間だと罪悪感をもつかもしれない。

考えから一歩離れるときと同じ方法で自分の気持ちからも一歩離れて，気持ちに反応するのではなくそれらが去るのを見送りましょう。

浮かんでは消えていくのをそのまま見送る

ucla_pucla/Shutterstock

毎日1日中，いろいろな気持ちが浮かんでは消えていきます。それに気づかないこともあれば，なかには強く感じる気持ちがあって，ずっとそれを感じつづけている気がすることもあるでしょう。

気持ちは，空を漂う雲や海辺に砕ける波のようなものです。一つが消えると，別のものがそれに代わって生まれ，それが繰り返されます。自分の気持ちを雲や波のようだと思ってみてください。気持ちのなかには，次のような特徴をもつものがあることに注目してください。

▶ **心の中をさっとよぎるだけ**のものもあれば，長く残りつづけるものもある。

▶ **イヤな気持ちになる**ものもあれば，そうでないものもある。

▶ 消えたと思っても**繰り返し感じる**ものもあれば，そうでないものもある。

自分の気持ちから**一歩下がり**，それを観察しましょう。

▶ 気持ちが**浮かんでは消えていく**のを観察する。その空の雲や波の一つ一つに，その気持ちの名前を書こう。そして，それらが流れ去るのを見守ろう。

▶ **反応しない**。感じるのをがまんしたり，感じないようにしないで，感じるままにしておこう。

▶ その気持ちに影響されて，自分はダメだと，自分自身を**評価しない**。

▶ 気持ちに気づいても，**通り過ぎるのをそのまま見送る**。

わたしたちはいろいろな気持ちを感じます。ただ，困ったことに気持ちが強すぎて圧倒されたり，その強い気持ちに影響され，感情にすべてを支配されたりすることがあります。そのような場合は，その気持ちに気づいて自分を悪く評価しています。その気持ちが消えていくのをそのまま見送る練習をしましょう。

　わたしたちはよく，もう起きてしまったことについて考え，まだ起きていないこれから起きることについて心配し，**「今ここ」**で起きていること自体に注意を払っていません。

　「今ここ」に意識を向けることで，気分はよくなり，頭のなかのゴチャゴチャをなくせるようになります。

▶　自分の行動に**意識を向けましょう。**

▶　考えと気持ちから**一歩離れて，**それらが通り過ぎるのをそのまま見送りましょう。

▶　自分の考えと気持ちにつきあって，それらについてどうこういい合う必要はありません。**それらは「事実」ではなく，あなたは自分の気持ちや考えによってコントロールされる必要はありません。**

呼吸にFOCUSする

これは手軽にできる簡単な方法です。毎日，何回でも行なうことができます。

1～2分間，邪魔の入らない静かな時間を選びましょう。力を抜いて楽な姿勢で座り，両手は胸にそっと置きます。

▶ 呼吸に意識を**向けましょう。**
注意を，鼻，口，胸，肺に集中させます。

▶ 呼吸を**観察しましょう。**
息を吸ったり吐いたりするのに合わせて，胸がどうふくらんだり，へこんだりして上下するかに注目しましょう。

▶ **興味**をもちましょう。
自分の呼吸について，一つでも新しい発見はありますか？　何か気づいたことはありますか？

▶ 五感を**働かせましょう。**

　　▶ 呼吸するたびに胸がどう上下するかを見よう。

　　▶ 呼吸をしているときの音をよくきこう。

　　▶ 息を吸うときに感じる冷たい空気と，息を吐くときに口から出ていく温かな空気を感じよう。

▶ それに**集中しつづけましょう。**
息を最初に吸うときを「1」，次に吐き出すときを「2」と数えます。

▶ 「10」まで数え，自分の呼吸にしっかり**意識を向け**ます。

集中できず，いろいろな考えが思い浮かんでも落ち着きましょう。
落ち着かなくなっていることに気づいたら，
すぐに意識を呼吸に戻しましょう。

食べることにFOCUSする

毎回食事をするたびに，最初の2〜3口にしっかりと**意識を向け**ましょう。

▶ これから食べるものに**意識を向けましょう。**
その食べ物と口に注意します。

▶ 食べ物を**観察しましょう。**
食べ物をじっくりよく見て，どんなふうに見えるかを観察します。

▶ **興味**をもちましょう。
その食べ物や自分の食べ方について，今まで気づかなかったことを，
一つ見つけましょう。

▶ 五感を**働かせましょう。**

　　▶ 見た目は？　どんな形？　どんな色？　どんな大きさ？

　　▶ どんなにおい？　あまいにおい？　酸っぱいにおい？

　　▶ どんな感触？　固い？　柔らかい？　もろい？　噛みごたえがある？

　　▶ どんな味？　味がある？　濃い味？　薄い味？

　　▶ 噛むと，どんな音がする？

▶ それに**集中しつづけましょう。**
ひと口ひと口，ゆっくり噛んで，食べ物にしっかり意識を向けましょう。

食事をするたびに，最初の3口にしっかり意識を向けましょう。
もし注意散漫になったら，
そっと注意を食べ物に戻します。

身の周りのものにFOCUS（フォーカス）する

　自分がいつも使う身の周りにある日用品のリストを作り，そこから一つを選んで，毎日1分間，それに**意識を向け**ましょう。

▶ 注意を**集中させる。**

▶ 今起きていることを**観察する。**

▶ **興味**をもつ。

▶ 五感を**働かせる。**

▶ それに**集中しつづける。**

日　付	選んだもの	気づいたこと

意識を向けて，これまで気づかなかったことを，

何か見つけましょう。

キラキラびんを作る
（考えから一歩離れよう）

　「キラキラびん」を作れば，頭のなかに次々と浮かんでくる考えの様子を，目に見える形にすることができます。

　ねじぶた式の空びんを見つけ，口元まで水を入れます。

　水のなかに，キラキラ光るものを少々入れたら，ふたを閉めてびんを振りましょう。

　びんのなかの様子を見て，もう少しキラキラを加えるか，今のままでよしとするか，決めてください。

　このびんを使えば，自分の考えから**一歩離れる**ことができるようになります。

▶ びんは自分の頭で，キラキラは自分の考えだと想像しましょう。

▶ びんを振り，キラキラがくるくる回る様子を見ましょう。

▶ びんのなかでキラキラが混ざっているのは，いろいろな考えが頭のなかに次々と思い浮かんでくることを示しています。

▶ びんを動かしつづけ，その様子と自分の頭のなかの様子を重ねてみましょう。今どんな考えが自分の頭のなかでぐるぐると渦を巻いているかに注目しましょう。

▶ 次に，びんを置き，キラキラがびんの底に沈んでいき，水が澄んでいく様子をじっくり観察しましょう。

▶ キラキラはびんの底に落ち着いて，水が澄んだおかげで，びんの向こう側を見ることができます。

▶ あなたの考えもこの落ち着いたキラキラびんのなかと同じです。あなたの考えは今も頭のなかにあるけれど，もう次々と思い浮かんだり，ぐるぐるしたりしないで鎮まっています。

自分の考えから一歩離れて，それを観察しましょう。
**　　考えは鎮まり，心がスッキリします。**

考えをじっと見て見つける

毎日，時間を作って，考えを観察しましょう。

▶ 静かに座っていられる場所を見つけて，自分の呼吸にFOCUSしましょう。

▶ 呼吸へのFOCUSは3回行ないます。息を吸ってから吐き切るまでの間に，1回呼吸にFOCUSし，それを3回繰り返します。

▶ 次に，考えに焦点を絞ってください。

▶ 頭のなかに浮かぶ考えに注目し，それらから**一歩離れ**ましょう。

▶ それらを考えないようにしたり，コントロールしたりしてはいけません。

▶ 考えは，駅を通り抜けていく電車のようなものです。

▶ 考えは，傍らを走り去って行く車のようなものです。

▶ すばやく通りすぎていく考えもあれば，もっとゆっくり過ぎていく考えもあることに注目しましょう。

▶ なかには，強過ぎて，影響力がある考えもあることに注目しましょう。

▶ そういう考えに気づいても，その考えを否定したり，考えないようにするのはやめましょう。自分の考えから一歩離れましょう。

▶ それらはあなたの考えであり，自分で創り出したもの。事実ではありません。事実のように思えるかもしれませんが，それはあなたの見方です。一歩離れてコントロールされないようにしましょう。

考えから影響を受けてコントロールされないようにしましょう。
思考から一歩離れてみましょう。
考えないようにしたり，否定したりしないでください。
そのまま通り過ぎるのを見送りましょう。

気持ちが消えていくのを
そのまま見送る

イヤな気持ちがとても強くなってきているのに気づいたら，それらから**一歩離れる**ようにしましょう。

▶ 静かに座っていられる場所を見つけて，自分の呼吸にFOCUSします。

▶ 呼吸へのFOCUSは3回行ないます。息を吸ってから吐き切るまでの間に，1回FOCUSし，それを3回繰り返します。

▶ 次に，気持ちに焦点を絞ってください。

▶ 今あなたはどんな気持ちを感じていますか？　自分の気持ちがわかったら，それから**一歩離れて**みましょう。

▶ 空を漂っていく雲や海辺に打ち寄せる波を，見つめるなり，想像するなりしましょう。

▶ その雲や波に，今自分が感じている気持ちを表す言葉を書いているところを想像します。

▶ 雲が流れ去り，波が海辺で砕けるのを眺めましょう。

▶ 雲や波は，気持ちと同じように，次から次へとやってきます。

▶ 雲の流れや波の打ち寄せを止めることはできません。気持ちも生じるままにしておきます。

▶ 自分の気持ちに気づいても，それらから**一歩離れた**まま，その気持ちから影響を受けて自分を評価しないようにしましょう。

**自分がどう感じているかによって，
自分自身を評価してはいけません。気持ちから一歩離れて，
それらが浮かんでは消えていくのを眺めましょう。**

第6章

考え，気持ち，行動

　わたしたちは，毎日の生活のなかで困ったことや苦しいことをたくさん経験しています。たとえば，親，友だち，先生といった人との間で，ちょっとしたことで問題が起きてきます。また，学校や習いごとなどでも，何かの拍子に問題は生じてきます。ただし，幸いなことに，多くの場合，わたしたちはそのような問題に上手に対処しています。そのため，問題は大事には至らず，それなりに片づいているのです。

　しかし，その一方で，なかなか対処が難しい問題もあります。たとえば，次にあげる特徴をもつ問題が生じた場合には，解決が難しくなります。

▶ 何回も繰り返し同じ問題が生じている場合

▶ 長い間，問題がつづいている場合

▶ 人を圧倒するような問題である場合

▶ あらゆることに影響をおよぼすような問題である場合

　このような場合，問題にかかわる人の生活は，全体がその問題にとらわれることになり，問題は，その人にとって重大な心配事になります。

考え，気持ち，行動

　この本は，あなたが，日常生活で直面する問題を解決するのに役立つ方法を見つけられるようにお手伝いをするものです。ここで紹介する方法は，認知行動療法と呼ばれる心理学の技法にもとづくものです。この認知行動療法は，「考え（思考）」と「気持ち（感情）」と「行動」の三つのつながりがどのようになっているのかを探るものであり，生活する上で生じる問題を解決するのにとても役立つものとされています。

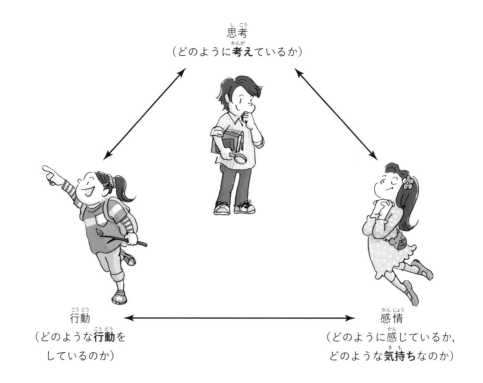

思考
（どのように**考え**ているか）

行動
（どのような**行動**を
  しているのか）

感情
（どのように**感じ**ているか，
  どのような**気持ち**なのか）

このつながりがどのように関連しているのかがわかれば，気持ちがもっと楽になり，本当にしたいと思っていることをできるようにもなるでしょう。

どのように関連しているの？

　では，これから，考えと気持ちと行動がどのように関連しているのかを具体的な例を通して見ていくことにしましょう。

▶ あなたは，「自分は人と話すことが苦手だ」と**考え**ています。そのように考えていると，「友だちと一緒に外出しているときに上手に話せるか」と心配になり，不安な**気持ちになります**。その結果，あなたは，友だちに話しかけずに黙っているという**行動を取るようになります**。（そして，「やはり，自分は人と話すのが苦手なんだ」ということになります。）

▶ あなたは，「誰もわたしのことなんか好きではないんだ」と**考え**ます。すると，悲しい**気持ちになります**。その結果，家で一人ですごすという**行動を取るようになります**。（そして，「やはり，自分のことを好き

な人などいない」ということになります。)

▶ あなたは,「何をやっても自分はダメだ」と**考えています**。すると, だんだん腹が立ってきてイライラした**気持ちになります**。その結果,「どうせダメなんだ」とあきらめて, がんばって何かをするという**行動を取らなくなります**。(そして,「やはり, 自分はダメな人間なんだ」ということになります。)

McCarony/Shutterstock

　ここで示した例では, 一見したところ, 考えたことが, 実際の行動となって起きてくるという結果になっています。このように, 自分の考えていたことが現実の出来事として起きてくると思われることは, しばしばあります。しかし, それは**本当に事実ですか？**　本当に将来というのは, わたしたちが予測できるほど単純なものなのでしょうか。

　この本は, あなたがこのような疑問に対する答えを探っていくのをお手伝いするものです。この本を読むことを通して, あなたは自分がものごとの全体を見ていないことに気づくでしょう。ものごとのある一面だけに注目し, それ以外は無視するという偏った見方をしているのに気づくでしょう。しかも, あなたが注目しているのは正しくない側面であり, そのようなものごとのとらえ方こそが問題を生じさせていることもあるのです。

　また, 自分がどのような行動をしているのかに気づいていないということもあります。そもそも行動というのは, 日常生活の一部となっており, 意識せずに行なっている面があります。そのため, 自分のいつもの行動を見直し, それとは違った行動の仕方を考えるのは, 意外と難しいものです。そこで, 自分自身のものごとの見方や行動の仕方を見直すという難しい作業をするためには, 手助けが必要となります。その手助けをするのが, 『**上手に考え, 気分はスッキリ**』チームです。このチームは,「考え太(カンガエタ)」くん,「気分(キブン)」ちゃん,「やるよ」ちゃんの3人で構成されています。

考え太くんは，あなたが**自分自身の考え方**を見直すのを手伝ってくれます。

気分ちゃんは，あなたが**どのような感情**を経験しているのかに気づくのを手伝ってくれます。

やるよちゃんは，あなたが**自分自身の行動の仕方**を変える方法を見つけるのを手伝ってくれます。

ヒントを一言

何か問題が起きたとしましょう。あなたは，その問題をどのように考え，それにどのように取り組むでしょうか。実は，問題についての考え方や取り組み方が，その後にどのような出来事が起きてくるのかに強い影響を与えるのです。このことを理解し，考え方を変えることができれば，あなたはきっと，毎日の出来事に上手に対処することができるようになります。

思考──あなたが考えていること

わたしたちの心は，いつもせわしなく働いています。いろいろな考えが次から次にわいてきます。わたしたちは，常にいろいろなことを考えています。わたしたちが考えていることの多くは，自分の周りで起きている出来事と関連しています。また，自分自身のことについて考えていることもあります。

そこで，わたしたちがどんなことを考えているか，例を見ることにしましょう。

例1：**自分自身について**の考え方

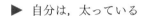

▶ 自分は，太っている

▶ わたしには，友だちがたくさんいる

▶ 自分は，怒りっぽい

例2：**自分の行動について**の考え方

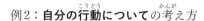

▶ 自分は，ひどくだらしない

▶ 自分は，運動が得意だ

▶ わたしは，友だちをつくるのが上手だ

例3：**将来について**の考え方

▶ 自分とつきあってくれる人なんて，一生現れないだろう

▶ 自分が大学に合格するなんてことは，ありえないだろう

▶ 30歳になるまでには億万長者になるだろう

心の中心にある「思いこみ」

「自分自身についての考え方」，「自分の行動についての考え方」，「将来についての考え方」は，月日が流れるにしたがって「思いこみ」として固まっていき，変化しにくくなります。いつでも，決まりきったパターンとしてそのような考え方をするようになってしまいます。ここでは，そのように固まってしまった考え方を**心の中心にある「思いこみ」**と呼ぶことにします。このような思いこみは，以下のようないい方で表現されます。

▶ 自分は，親切な人間だ

▶ 自分は，まじめだ

▶ 自分は，成功する

思いこみと推測，そして先入観

　心の中心にある「思いこみ」は，わたしたちが生活する上で重要な役割をもっています。日常生活において起きる出来事を予測したり，その出来事の意味を理解したりするのに役立ちます。つまり，こうだろうと思いこんでいるからこそ，その方向で何が起きてくるのかを推測できるのです。これは，「〜であれば／〜だろう」という形で表現されます。具体的には，次に示すように「であれば」（思いこみ）と「だろう」（推測）のつながりとして示されます。

▶ 自分が親切な人間**であれば**（思いこみ），自分はみんなに好かれる**だろう**（推測）

▶ 自分がまじめ**であれば**（思いこみ），よい仕事につける**だろう**（推測）

▶ 自分が成功**すれば**（思いこみ），幸せになる**だろう**（推測）

役に立たない思いこみと推測

canbedone/Shutterstock

　思いこみの多くは，役立つものです。しかし，なかには役立たない思いこみもあります。そうした役立たない思いこみをもっている場合，上手に選択や判断ができなくなります。そして，間違った推測をすることになります。

　役立たない思いこみとは，次のようなものです。

▶ なんでも完璧にやらなければならない

▶ 自分は，何をやっても失敗する

▶ 誰もわたしのことを大切にしてくれない

　このような思いこみ（思考）をもっていると，いろいろなことが**うまくいかず，失敗する**ことが多くなるでしょう。それだけでなく，**イヤな気持ち**（感情）になり，**できること（行動）**も限られてきます。そして，自分には何か悪いことが起きそうだと推測するようになるのです。

▶ 「なんでも完璧にやらなければならない」という**思いこみ**をもっている場合,「自分は何をやっても十分にはできないだろう」という**推測**が生じます。こうした場合,がんばればがんばるほどストレスを感じることになり,その結果,不愉快な気持ちになるでしょう。

▶ 「自分は,何をやっても失敗する」という**思いこみ**をもっている場合,あなたは,「どうせ失敗するのだから,まじめにがんばってもムダなだけだ」と**推測**し,悲しい気持ちになるでしょう。そして,ものごとに対する興味を失い,無気力になり,何もしなくなっていくでしょう。

▶ 「誰もわたしのことを大切にしてくれない」という**思いこみ**をもっている場合,「周りの人は,わたしのことをバカにしているのではないか」という**推測**が生じることがあります。そのような推測が生じると,他人に怒りを覚え,相手に対して攻撃的になります。そして,乱暴な態度を取るようになります。

思いこみは強く,固定化する

　このような思いこみは,通常,強く,固まったものとなっています。そのため,他の考え方を受け入れなくなり,変化しにくくなっています。そのような思いこみに反する事実があっても,それは,たいしたことではないとみなされ,無視されることになります。次に,そのような例を見てみましょう。

▶ 「誰もわたしのことを大切にしてくれない」という思いこみをもっている女の子は,実際に両親が彼女のことを大切に思い,心配した態度を取っていても,そのような事実は無視します。「お父さんもお母さんも,本当は,わたしのことなんてどうでもよいと思っているんだ。ただ,当たりさわりのないようにわたしに接しているだけなんだ」と思ってしまいます。

▶ ところが,「誰もわたしのことを大切にしてくれない」といった思いこみに合致した事実については,それがどんなに小さなことであっても,注目します。たとえば,親が忙しくて,彼女の服を洗濯ができない日があったとしましょう。それに対して彼女は,「やはり,わたしのことなんてどうでもよいんだ」と考えます。つまり,自分の思いこみを証明する根拠として,その出来事をとらえてしまうのです。

重要な出来事

　ふだん，わたしたちは，自分が抱いている思いこみから引き出される予測を意識することはありません。それは，あるとき，ふとしたきっかけで意識に上ってくるものなのです。なんらかの**重要な出来事**に直面したり，**重要な経験**をしたりすることが，そのようなきっかけとなります。

▶ あなたは，先生から「問題集を最後までやるように」といわれました。そのことがきっかけとなり，「なんでも完璧にやらなければならない」という思いこみが意識に上ってきました。そして，「どうせ，自分は完璧にはできないんだ」という予測で頭がいっぱいになってしまいました。

▶ あなたは，試験に落ちてしまいました。それがきっかけとなり，「自分は，何をやっても失敗する」という思いこみが引き出されました。そして，「どうせ失敗するのだから，まじめにがんばってもムダなだけだ」という予測にとらわれるようになりました。

▶ あなたは，友だちとケンカしてしまいました。そのことがきっかけとなり，「自分は嫌われ者だ」という思いこみを強く意識するようになりました。そして，「人はみな，わたしの心を傷つけるだけだ」という予測にとらわれてしまいました。

自動思考

さまざまな考え

　なんらかのきっかけによって，思いこみと予測が引き出されると，それにつづいて自動思考が生じてきます。
　自動思考とは，頭のなかで次々に浮かんでくる考えのことです。それは，その人の周りで起きていることについてどのように考えたらよいのかを，実況放送のようにその場で解説をするものです。自動思考として浮かんでくる内容の多くは，自分自身についての考えです。しかも，それは，自分を批判し，否定するような考えを多く含んでいます。たとえば，次のようになります。

▶ 「問題集を最後までやるように」と先生にいわれたことがきっかけとなり，「どうしたらよいのかわからない」，「これでは，まだ十分ではない」，「先生は，もっと出来のよいものを要求しているはずだ」といった自動思考力が生じてきました。

▶ 試験に落ちたことがきっかけとなり，「自分は，もうダメだ」，「絶対い

い点数が取れない」,「どうせ,自分は向いていないんだ」といった自
動思考が生じてきました。

▶ 友だちともう遊んだり話さなくなったりしたことがきっかけとなり,
「どうせ最初からうまくいくわけなかったんだ」,「結局,表面的なつ
きあいだったんだな」,「自分にはもう二度と友だちはできないだろう」
といった自動思考が生じてきました。

どのような気持ち（感情）になるか

これまで見てきたように,どのように考えるかによって,どのような気
持ちになるのかが決まってきます。つまり,考えによってわたしたちの感
情は異なってくるのです。

たとえば,ものごとのよい面を認める**肯定的な考え**をすると,**気持ちよ
いと感じる感情**が出てきます。

pacpumi/123RF

▶ 「本当に誕生会が楽しみだ」と考えると,幸せな気持ち（感情）に
なる。

▶ 「試合には負けたけど,せいいっぱいがんばった」と考えると,すがす
がしい気持ち（感情）になる。

▶ 「この服は,自分に似合っている」と考えると,安心感（感情）をも
つことができる。

逆に,ものごとの悪い面に注目する**否定的な考え方**をした場合,たいて
いは**イヤな気持ちになり,不快な感情**が出てきます。

Teguh Mujiono/Shutterstock

▶ 「誰も誕生会には来てくれないだろう」と考えると,不安な気持ち（感
情）が出てくる。

▶ 「また負けてしまった。うちのチームが勝つなんてことはありえないだ
ろう」と考えると,怒りや悲しみの感情がわいてくる。

▶ 「今着ている服は,気に入らない」と考えると,落ち着かない気持ちに
なり,イヤな感情が出てくる。

このような気持ちは,多くの場合,それほど強いものではありませんし,
長期間つづくというわけでもありません。むしろ,このような気持ちや感
情があることに気づかないかもしれません。

しかし，なかにはイヤな気持ちや不快な感情が心全体をおおってしまうこともあります。そのような場合には，気持ちや感情は，強烈なものとして感じられ，しかも，いつまでもつづくように思われます。一般的に誰もが不快な感情を抱くのは，ストレス，不幸せ，怒りといった気持ちをもったときです。

どのように行動するか

強い感情が表れたり，感情が持続すると，行動にも影響がおよびはじめます。人間は，一般的に心地よい気持ちを求めるものです。そのため自分を心地よい気持ちにさせてくれる行動を増やし，不快な感情を生じさせるような行動を避けようとします。

▶ あなたは，人と話すときに不安な気持ち（感情）になるとしましょう。そのような場合，あなたは，人と会うことを避けたり，集まりの誘いを断ったり，友だちと一緒に出かけるのを止めたりといった行動を取るようになるでしょう。一人でいる方が，安心できるからです。

▶ あなたは，学校に行っても楽しくなく，寂しい気持ちやイヤな気持ち（感情）を感じるとしましょう。そのような場合，学校に行くのを避けるようになるでしょう。家にいるほうが幸せと感じるからです。

▶ あなたは，一生懸命がんばっていることを批判されて怒りの感情をもったとしましょう。そのような場合，がんばる意欲がなくなり，それまでにしてきたことをしなくなることがあります。

このように，問題をどのように考え，それに対してどのような気持ちをもつかということが，その人がどのような行動を取るのかに強い影響をおよぼします。たとえば，次のような変化が発生します。

▶ **あきらめる**。そして，行動するのを止めてしまう。

▶ 苦手だと感じる状況を**避ける**。

▶ 新しいことに取り組むのに**消極的になる**。

さらに，このような行動の変化は，問題について最初に考えたことが実際に起きてくることにつながり，結果として，あたかも最初の**考えが正しかった**ことを証明するような働きをします。

▶ 勉強に集中できないという行動が，「試験は難しい。合格できないだろう」という考えを証明するかのような働きをする。

▶ 家から出ないという行動が，「わたしには，友だちがいない」という，考えを証明をするかのような働きをする。

▶ 眠れない，たくさん食べて体重が増えるという行動が「見た目がひどい」という考えを証明するかのような働きをする。

ストップ！

S. Hanusch/Shutterstock

　ここで立ち止まって，思考，感情，行動の関係をもう一度見直してみましょう。

　あなたは，**罠にはまっています**。ものごとの**否定的な側面と関連することだけに**注目するようになっています。では，少し違う考え方をしてみましょう。否定的なことばかりではなく，それ以外の，肯定的なことを考えるのです。あなたは，次のように考えることもできます。

▶ たしかに，集中して勉強できなかった。それは，たまたま昨夜はあまりよく眠れなかったからだろう。でも，ふだんはよく眠れている。だから，今夜よく眠れば，集中することができるだろう。

▶ たしかに昨日は，一緒に遊ぶ友だちがいなくて，家にいた。でも，明日は，友人と出かける約束をしている。楽しく過ごせたらいいな。

▶ たしかに体重は，2キロ増えたかもしれない。でも，だからといって，外見がひどく変わってしまったというわけではない。だから，それほど気にしなくてもいいかな。だって，いつも着ている服をまだ着ることができるしね。

　自分の考えている（心配している）ことに関連する事実ばかりに注目していると，不思議なことに，自分の考えている（心配している）ことが，単に頭のなかの考え（心配）だけにとどまらず，実際の出来事として起きてしまうことになります。

　しかし，ここで，よく考えこみましょう。そのような場合，あなたは，ものごとのすべてを見ているといえるでしょうか。ものごとの**一面だけを見て**，判断し，行動しているということはないでしょうか。

忘れないで！

　悪い考えは悪い出来事を呼びこみ，悪い方向にグルグルと回りはじめる悪循環を起こします。この悪循環は断ち切らなければなりません。
　そのためにも，どのような考えが偏った悪い考えであるのかを，まず見つけ出し，その考えを調べ，見直していく必要があります。
　よいところも含めて全体をバランスよく見ていく考えを身につけましょう。そうすれば，気持ちは軽くなり，人生で大切なことについて，現実的な選択ができるようになります。

考え，気持ち，行動は
どのように関係しているか

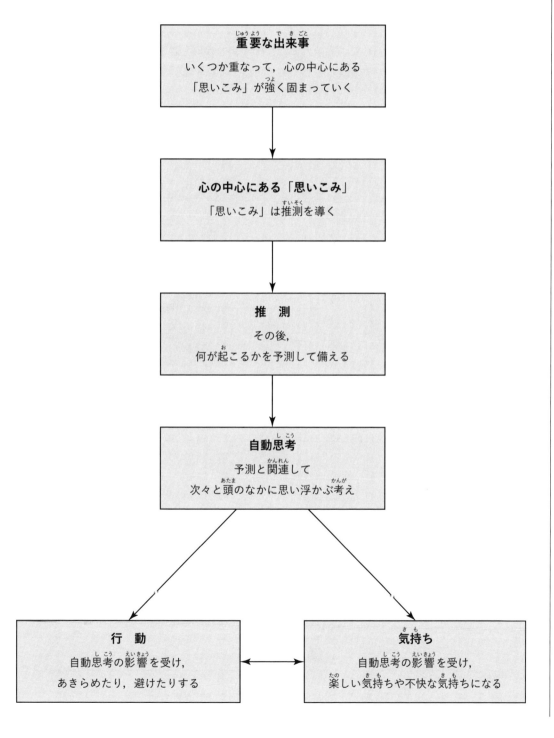

重要な出来事

いくつか重なって，心の中心にある
「思いこみ」が強く固まっていく

心の中心にある「思いこみ」
「思いこみ」は推測を導く

推　測

その後，
何が起こるかを予測して備える

自動思考
予測と関連して
次々と頭のなかに思い浮かぶ考え

行　動
自動思考の影響を受け，
あきらめたり，避けたりする

気持ち
自動思考の影響を受け，
楽しい気持ちや不快な気持ちになる

考え，気持ち，行動

　最近したことのなかで，何か**楽しかったこと**を思い浮かべてください。それを下の円のなかに文章で書いてみましょう。あるいは絵で描いてみましょう。

▶　何をしましたか？

▶　そのとき，どのように感じましたか？

▶　そのとき，どのようなことを考えましたか？

どのようなことを考えましたか
（思考）

何をしていましたか
（行動）
（どこで・だれと・何を）

どんな気持ちでしたか
（感情）

ダメの罠(わな)

　今，あなたが困(こま)っていることは，どのようなことですか？
　一番困(こま)っていることを思い浮かべてください。思い浮かんだら，文章(ぶんしょう)で書いたり，絵を描(えが)いたりしてみてください。

▶　それは，どのような**出来事**(できごと)ですか？　何をしましたか？

▶　そのとき，どのような**気持ち**(きも)でしたか？

▶　困(こま)っているとき，どのようなことを**考えて**(かんが)いますか？

そのとき考(かんが)えていたこと
（思考(しこう)）

そのときしたこと
（行動(こうどう)）

そのときの気持ち(きも)
（感情(かんじょう)）

映画のひとこまを作る

　あなたが今，困っていることについて，映画のひとこまを作ってみましょう。まず何が起きたかについて，フィルムの真ん中部分に文章で書くか絵で描きます。次に，あなたの困っていることが起きる直前の出来事と直後の出来事を書いてください。次に困っている出来事の最中に頭に浮かんださまざまな考えとそのときの気持ちを書いてください。

気持ち	出来事	考えていたこと

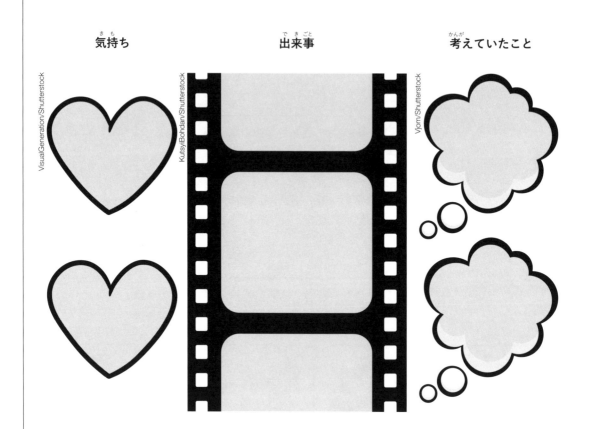

もしもクイズ

「もしもクイズ」に挑戦してみましょう。
　あなたは，「もし～であれば，そのとき，どのようなことが起こるだろう」と考えますか？　あなたの考えを教えてください。

もしわたしが元気いっぱいならば，そのとき　　　　　　　　　　　　　　　　**だろう。**

もし困ったことに直面したならば，そのとき　　　　　　　　　　　　　　　　**だろう。**

もし間違ったことをしたならば，そのとき　　　　　　　　　　　　　　　　　**だろう。**

もしいっしょうけんめいがんばったならば，そのとき　　　　　　　　　　　　**だろう。**

もしわたしに友だちがいなければ，そのとき　　　　　　　　　　　　　　　　**だろう。**

もしわたしが人に好かれる人間ならば，そのとき　　　　　　　　　　　　　　**だろう。**

もしわたしがしたことで人が喜んでくれたなら，そのとき　　　　　　　　　　**だろう。**

もしわたしのことで親ががっかりしたならば，そのとき　　　　　　　　　　　**だろう。**

もしわたしが優しい人間でなければ，そのとき　　　　　　　　　　　　　　　**だろう。**

もしものごとがうまくいっていれば，そのとき　　　　　　　　　　　　　　　**だろう。**

考え（思考）・気持ち（感情）・行動クイズ

次のことは，考え（思考）
でしょうか？

気持ち（感情）
でしょうか？

行動でしょうか？

▶ 自分は，この問題を間違えるだろう

▶ 怒り

▶ 寂しさ

▶ 学校に行く

▶ 友だちと遊ぶ

▶ これは，素晴らしい

▶ わたしは，人を笑わせるのが得意だ

▶ いらだち

▶ 一人でいる

▶ わたしは，きらわれている

▶ お風呂に入る

▶ うれしい

▶ お茶を飲む

▶ 誰もわたしと友だちになりたいと思わない

▶ 緊張

▶ 怖い

▶ 試験に合格できっこない

▶ 買い物をする

◀第7章▶ | 自動思考

　パッと頭に浮かんでくる考えのことを，**自動思考**と呼びます。この自動思考は，1日中どんなときにも生じています。そして，自分がかかわっている出来事や自分の行動について，よいとか悪いとか，いろいろとコメントをしてきます。したがって，自動思考は，わたしたちが何を感じ，どのように行動するのかに大きな影響をおよぼすものであり，とても重要なものです。

自分，自分の行動，自分の将来

　ここで取り上げるのは，自動思考のなかでも，とくに**あなた自身**に関する自動思考です。例として，以下のようなものがあげられます。

▶ **自分自身をどのように考えているか。**
　自分は，頭がよい。
　自分は，人付き合いが苦手だ。
　自分は，カッコいい。

▶ **自分自身をどのように評価しているか。**
　自分は，何をやってもダメだ。
　スポーツは，何をしても下手だ。
　数学については大丈夫だ。

▶ **自分の将来をどのように見ているか。**
　いつかは，なんとかなるだろう。
　わたしの将来は，絶望的だ。
　卒業したら，できることがたくさんある。

ElenaShow/Shutterstock

Firebach/istock via Getty Images

Mega Pixel/Shutterstock

わたしたちは誰もが,「自分は,このような人間だ」という自己イメージをもっています。そのような自己イメージは,先にあげたような自動思考から構成されています。つまり,自動思考は,自分自身についての考え方,自分自身の行動に対する評価,将来何が起こるのかという予想を形作り,自己イメージを構成していくことになります。

以下に示す自動思考は,**自己肯定的**な考えです。

▶ 試合で活躍できたぞ。

▶ 今日は,友だちと出かけて,楽しく遊べたな。

▶ マサオは,わたしのことを好きみたいだ。

このような肯定的な思考は,**「進め」**の考えです。つまり,次のような行動に進むのを**促し,手助けします。**

S. Hanusch/Shutterstock

▶ 練習をつづけて,スポーツをさらに楽しむようになる。

▶ 次にまた,友だちと遊びに出かける約束をする。

▶ マサオに声をかけて,もっと話をしてみる。

ヒントを一言

「進め!」の考えは,やってみようとする力を与えてくれます。

それに対して,以下に示す自動思考は,**否定的**な考えです。

▶ 今日の試合は,これまでのなかで最悪のプレイだった。

▶ せっかく出かけたのに,友だちは誰も話しかけてくれない。

▶ マサオは,わたしのことをどう思っているのだろう。どうせ,わたしのことなんか好きではないに決まっている。

このような否定的な自動思考は「**止まれ**」の考えです。つまり,行動を**中止させたり,避けたりする**可能性が考えられます。その場合,次のような行動につながっていくことが予想されます。

S. Hanusch/Shutterstock

▶ 練習に行かなくなる。

▶ 友だちと外出することに消極的になる。

▶ マサオがいるような場所をさける。

ヒントを
一言

「止まれ！」の考えは力になってくれません。「止まれ」の考えが浮かぶと，イヤな気分になり，行動を避けたり，中止したりします。

わたしたちの頭のなかでは，肯定的な自動思考と否定的な自動思考の両方が生じています。その**両方の考え**を検討することによって，わたしたちは，**バランスの取れた決定や判断**ができるようになります。

しかし，実際には，ものごとを肯定的に考えられない人がいます。そのような人は，何でも**否定的に見てしまう色メガネ**を通してものごとを考えます。そのため，ものごとを正確に見たりきいたりできなくなります。このような人たちは，次のような特徴を示します。

lineartestpilot/
Shutterstock

▶ 考えが，極端に否定的になりやすい。

▶ 自分のよい点について気づいたり，考えたりすることができない。

▶ 自分自身に備っている能力を認めることができない。

▶ 自分には明るい未来はないと信じており，失敗することばかりを考えている。

このような考え方に頭のなかが支配されている人もいます。そのような人の自動思考は，ほとんどが否定的な内容です。

なぜ，否定的な考えばかりが気になるのか？

「なぜ，否定的な考えばかりが気になるのか？」という疑問に答えるためには，否定的な自動思考の性質をさらに理解することが必要です。否定的な自動思考を調べてみると，そこには，次のような共通点が見られます。

▶ **自動的**：意識して考えようとしなくても，頭のなかに自然にポッと浮かんでくる。自分ではどうこうできない。

▶ **偏っている**：立ち止まって冷静に考えると，事実とは異なる部分があ

103

ることに気づく。

▶ **繰り返す**：コントロールすることが難しく，簡単には中止できない。

▶ **正しく思える**：一見したところ，筋が通って見える。そのため，丁寧にその正しさを検討しないと，それを正しいものとして受け入れてしまう。

自動思考は常に頭のなかに浮かび上がってきています。わたしたちは，自動思考が事実に合わない点があっても，そうした考えをそのとおりだと思ってしまうことがよくあります。

　自動思考は筋が通っているように思えるため，つい**耳を傾け**ます。しかも，しょっちゅう浮かんでくるので，そう考えることに**すっかり慣れて**しまいます。きこえてくればきこえてくるほど，その内容を**信じて**，そのとおりだと受け入れてしまうのです。

　否定的な自動思考は，まるで頭のなかで自動再生されているCDのようなものです。そのため，次のようなことが起きています。

dedMazay/Alamy Stock Photo

▶ 自動思考は，ぐるぐると繰り返し再生される。

▶ CDは，交換されることはない。

▶ 音量が下がることはない。

▶ CDの内容は，ほかの人にきかれることはない。

ダメの罠

　こうして，否定的な自動思考は役に立たないものになり，わたしたちは結局，なんでも否定的にとらえる**ダメの罠**にはまってしまうことがあります。

▶ 否定的な考えが浮かぶと，**イヤな気持ちになる**。

▶ イヤな気持ちになると，**行動しなくなる**。

▶ 行動しなくなると，うまくいかなくなっているあらゆることについて，**くよくよ考える時間が増える**。

▶ そうなると，否定的な自動思考が**強まる**。

▶ これが**ぐるぐると繰り返される**。

ヒントを
一言

ダメの罠から抜け出さなくてはいけません。自分がどのような考え方をしているのか，考えがどのように気持ちに影響を与えるのか，考えや気持ちがどのように行動にまで影響するのかについて，もっと学んでいきましょう。

「ホットな」考え

　どのようなときでも，自動思考は頭に浮かび上がってきます。あなたにとってもっともよく浮かんでくる自動思考は，どのようなものでしょうか。また，あなたにもっとも影響を与える自動思考は，どのようなものでしょうか。あなたの自動思考を調べるために**考え太くん**の力を借りることにしましょう。

いろいろな
思考

　これまで見てきたとおり，自動思考は多くの場合，一見したところ，正しい考えのように思えます。そのため，立ち止まって冷静に見直さないと，正しいものとして受け入れてしまうことがほとんどです。また，実際のところ，自動思考が生じていること自体に気づいていないということも，しばしばあります。そこで，自分自身の頭のなかで起きてきている否定的で，偏った自動思考を的確にとらえるためには，**考え太くん**の力を借りる必要があります。あなたの考えは，出来事の全体をとらえたものになっているでしょうか。偏った視点から出来事の一部のみに焦点を絞ったものになっ

ているでしょうか。

　あなたはどのようなことを考えたときに，気持ちがもっとも強く揺さぶられるでしょう。「気持ちがもっとも動揺するのは，どのようなことを考えたときなのか」という問いに対して，あなたが思い浮かべる考えが**ホットな考え**です。気持ちの変化がはっきりわかるときに探しましょう。次に，示す質問はそのようなホットな考えを見つけ出すのに参考になるでしょう。

▶ 気持ちの変化を感じはじめたとき，何を考えていましたか？

▶ その気持ちがとても強くなったとき，何を考えていましたか？

▶ このあと，どのようなことが起きると思いましたか？

▶ それはどのような結果になると思いましたか？

▶ その出来事について，ほかの人はどのようなことをいうだろうと思いましたか？

ナツミの緊張

　ある日，ナツミは，バス停でバスを待っていたとき，急に不安になり，涙が出てきて悲しい気持ちになりました。まず，ナツミは，**考え太くん**の助けを借りて，そのときにどのような考えが頭に浮かんできたのかを探ることにしました。**考え太くん**は，次のような質問をナツミにしました。

▶ その気持ちを感じはじめたとき，どのようなことを考えていましたか？

　ナツミは，昨日友だちの紹介で知り合った男の子について考えていました。彼女は，その男の子が好きになっていました。そして，また会えることを楽しみにしていました。しかし，そのとき，「彼に会えないのではないか」という考えが浮かんできたのです。

▶ その気持ちが強くなってきたとき，どんなことを考えていましたか？

　ナツミは，彼と会えないと思う理由について，いろいろと考えていました。たとえば，「彼は，別れ際にわたしに対してそれほど興味があるように見えなかった」，「電話番号もメールのアドレスも尋ねられなかった」「彼は，おとなしい性格だっただけで本当は，わたしにまた会いたいとは思っていなかったのかもしれない」などと考えていたのです。

▶ **このあと，どのようなことが起こるだろうと考えましたか？**

　ナツミは，「その男の子と会うことは二度とない」と確信していました。

▶ **どのような結果になると考えましたか？**

　ナツミは，「1日中，ひとりぼっちで過すようになる」と考えました。

▶ **その出来事について，ほかの人は，どのように考えるでしょうか？**

　ナツミは，「とてもすてきな男の子と知り合ったんだ」と友だちにいいふらしてしまっていました。それで，「友だちは，結局，その男の子とどうなったのかについて質問してくるだろう。そのときに友だちになんて説明したらよいのか。きっと自分はみんなに笑いものにされるのだろう」と考え，心配な気持ちになっていました。

　考え太くんの質問への回答からわかるように，ナツミは，頭のなかで悲観的なことばかりを考えていました。そのような否定的なことを考えれば考えるほど，イヤな気持ちになりました。そして，彼女は，自分が考えたとおりのことが実際に起こると確信をもつようになったのです。
　このような考えをしていたなら，誰でも不安になり，悲しくなります。ナツミが不安になって涙を流したのも当然のことといえるでしょう。

　わたしたちの頭のなかでは，自動思考が連続的なつながりとなって次々と頭に浮かんできます。
　多くの自動思考は，自分自身はどのような人間かということや，自分の行動，自分の将来に起きるだろうと思うことに関する考えです。
　自動思考のなかには**否定的**な内容のものがあり，イヤな気持ちを引き起こします。
　イヤな気持ちにならず，スッキリとした気持ちでいるためには，まず自分の頭のなかで生じている**否定的**な自動思考に気づくことが大切です。

「ホットな考え」日記

　自分の頭に浮かぶ役に立たない否定的な自動思考をくわしく知り，その自動思考が自分自身にどのように影響しているかを探っていきましょう。これから1週間，自分の気持ちに強い影響を与える否定的で「**ホットな**」考えや，ものすごくイヤな気持ちに気づいたら，下の日記に書き留めていきましょう。次のことを書いてください。

▶ 考えや気持ちに気づいた日時

▶ 何が起きたのか？，いつ，どこで，誰といるときに起きたのか？

▶ どのような「ホットな」考えが浮かんだのか？　どのような考えが頭のなかを駆けめぐったのか？　恥ずかしがらなくていいので，考えたことをありのままに書いてください。

▶ そのように考えたことで，どのような気持ち（感情）になったのか？

日　時	あなたは 何をしていた？	どのような「ホットな」 考えが浮かんだ？	どのような 気持ちになった？

書き間違いや字の上手下手は気にする必要はありません。
自分が読んで理解できればよいのです。

「ホットな考え」を探るメモ帳

これから1週間，あなたの頭に浮かぶ否定的な「ホットな考え」を探っていきます。もっともよく浮かぶ考えを，次に示す項目ごとに三つずつ記入してみましょう。

「自分自身について」の考え

1.

2.

3.

「自分の行動について」の考え

1.

2.

3.

「自分の将来について」の考え

1.

2.

3.

「止まれ!」の考え

　考えのなかには，役に立たないものもあります。そのことを考えるとイヤな気持ちになり，やりたかったことを止めてしまいます。

　そのような役に立たない考えに気がついたら，下の吹き出しに書き入れましょう。

Vjom/Shutterstock

「進め!」の考え

　考えのなかには，役に立つものもあります。そのことを考えると，気持ちが軽くなり，がんばっていろいろとやろうとします。

　そのような役に立つ考えに気がついたら，下の吹き出しに書き入れましょう。

S. Hanusch/Shutterstock

自分に関する考えを
探してみよう

あなたは自分のことをどのように思っているのでしょうか？
自分自身について考えていることを，
上の吹き出しに，絵で描いたり，文章で書いたりしましょう。

自分の将来に関する考えを
探してみよう

あなたの将来はどのようなものでしょうか？
自分の将来について考えていることを，
上の吹き出しに，絵で描いたり，文章で書いたりしましょう。

自分のすること（行動）に関する考えを探してみよう

あなたは自分がすること（行動）について，どのような考えをもっているのでしょうか？
自分の行動について考えていることを，
上の吹き出しに，絵で描いたり，文章で書いたりしましょう。

何を考えているのかな？

この人たちはどのようなことを考えているのでしょうか？
この二人が考えていることを，下の吹き出しに，絵で描いたり，文章で書いたりしましょう。

TEA/123RF

ネコとネズミは，どのようなことを考えているのでしょうか？
ネコとネズミが考えていることを，下の吹き出しに，絵で描いたり，文章で書いたりしましょう。

sababaJJ=iIstock
via Getty Images

考<ruby>かんが</ruby>えは一つだけじゃない

　考<ruby>かんが</ruby>えは一つだけではありません。わたしたちは，次々といろいろなことを考<ruby>かんが</ruby>えています。さて，車のなかのこの人はどのようなことを考<ruby>かんが</ruby>えているのでしょうか？　下の吹<ruby>ふ</ruby>き出しに，絵<ruby>えが</ruby>で描いたり，文章<ruby>ぶんしょう</ruby>で書いたりしましょう。

　ネコはイヌのことをどのように考<ruby>かんが</ruby>えているでしょうか？
　ネコが考<ruby>かんが</ruby>えていることを，下の吹<ruby>ふ</ruby>き出しに，絵<ruby>えが</ruby>で描いたり，文章<ruby>ぶんしょう</ruby>で書いたりしましょう。

第8章

考え方の誤り

　これまで見てきたように自動思考にはやっかいなものがあります。そのような自動思考がはじまると，わたしたちはイヤな気持ちになったり，積極的な活動ができなくなったりします。自動思考が特にやっかいなのは，頭の中をぐるぐる回り，止めることが難しいのに加えて，それ自体が本当に正しいのかという疑いを差しはさむのが難しいからです。逆に，それがきこえてくればくるほど，その考えをますます確信するようになります。そして，その否定的な考えを証明できるような事実を探し出そうといっしょうけんめいになり，そういう証拠を選び取るようになります。

　そのようなことが起きるのは，そこに**考え方の誤り**が生じているからです。考え方の誤りには，代表的な5つのタイプがあります。ここでは，この考え方の誤りを見ていくことにしましょう。

マイナス面ばかりを見る考え方

　第一のタイプは，「マイナス面ばかりを見る」という考え方の誤りです。このタイプの考え方の誤りは，マイナス面ばかりに注目します。さまざまな出来事が起きていたとしても，**自分が間違ったことや正しくないことだけを見て**，それ以外のことは無視するようになります。たとえ自分がプラスのことをしていても，そのようなことは，見落としてしまいます。あるいは，そのようなことはあり得ないと考えたり，重要なことではないとみなしたりして，結果的に無視してしまうのです。このようなタイプの考え方の誤りには，2種類あります。

ダメダメ色メガネ

　ダメダメ色メガネは，ものごとの一面しか見ない考え方です。否定的な部分しか見ません。

　実際には楽しい時間を過ごしたり，望ましいことが起きたりしていても，

lineartestpilot/
Shutterstock

ダメダメ色メガネをかけていると，失敗したことや不十分なことばかりが見えます。そして，そのようなダメなことばかりが気になります。また，一番覚えているのも，そのようなダメなことばかりです。

▶ あなたは，友だちと楽しい一日を過ごしました。でも，お昼に行ったお気に入りのカフェは，満席で入れませんでした。ある人から「今日は，楽しかった？」と尋ねられたとしたら，あなたはおそらく，「全然楽しくなかった。だってカフェに入れなかったんだもん」と答えるでしょう。

よいところを無視する考え方

Firebach/istock via Getty Images

「よいところを無視する」という考え方の誤りがある場合，肯定的なことがあっても，それは重要なことではなくなり，信用できないこととして，無視されます。

▶ あなたは，いつもよいところを無視する考え方をします。友だちになりたがっている人がいるといわれても，「どうせ，ほかに友だちになってくれる人が見つからないんだな」と考えます。

▶ あなたは，算数のテストでよい点数を取りました。しかし，「たまたま簡単だったから運がよかっただけだ。それに，すべて去年習ったことだから，よい点が取れて当たり前だろう」と考え，その価値を認めません。

▶ あなたは，スポーツの試合で活躍しました。「でも，マコトやユズルみたいにはできなかった。二人はすごかった」と，自分が活躍したことには見向きもしません。

 マイナス面ばかり見る考え方はうまくいかなかったり，間違っているところばかりを見たりします。そうならないように，まだ気づいていないよいことを見つけるようにしましょう。

ダメなところを大げさに強調する考え方

CoraMax/Shutterstock

第二のタイプは，ものごとのマイナス面を，実際以上に**誇張する**という考え方の誤りです。このような考え方の誤りの代表的なものとしては，次に示す三種類があります。

全か無かの考え方

この考え方の誤りでは，ものごとをすべて0か100かで理解しようとします。焼けこげる程暑いか氷るほど寒いのかの二極しかなく，その中間がない考え方です。

▶ 親友とちょっと意見が合わなかっただけで，「もういい。彼（女）とは，もう友だちではない」と思います。

完璧でないと，自分は完全にダメだと考えます。

▶ 算数のテストで72%しか正解しませんでした。「自分は，いつも算数の成績がよくない。算数はもうダメだ。あきらめよう」と考えます。

マイナス面を大げさにしてしまう考え方

このタイプの考え方の誤りでは，出来事の重要性を大げさに考えます。否定的な出来事を大問題だと考え，それについて，やたらに騒ぎ立てます。

▶ 「彼の名前を忘れちゃったの。そうしたら，**みんながわたしを見て大笑いしたんだ**」
▶ 「教科書を床に落としたんだ。そうしたら，**クラスのみんながぼくをじっと見ていたんだよ**」
▶ 「みんな，**いつもわたしに意地悪をする**」

雪だるま的考え方

雪だるまは，坂道を転がりはじめると，まわりの雪を巻き込んでどんどん大きくなっていきます。それと同じように，この考え方の誤りは，一つのことを考えはじめると，次から次へと悪い方向に考えが進んで止まらなくなります。灰色の雲が現れて，少し雲行きが怪しくなっただけで，嵐の前兆のように考え，問題を大きくしてしまうのです。

▶ リレーの選手に選ばれなかったことを「スポーツは何をやってもダメ。算数もわからない。結局，わたしは，**何をやってもダメなんだ**」と考えます。

lineartestpilot/Shutterstock

Phillip Martin Clipart

ダメなところを大げさに強調する考え方は，マイナス面を，実際よりも悪く大げさにとらえてしまいます。もっと全体を見渡して，そうならないように，自分が思っているほど悪い状況ではない可能性があることに気づけるといいですね。

悪いことばかりを予測する考え方

　第三のタイプの考え方の誤りは，これから起こることの予想に関するものです。このような誤りでは，しばしば**失敗を予測**し，悪いことが起きそうだと思うようになります。このタイプには，次に示す二種類の考え方の誤りがあります。

読心術師のような考え方

Steve McGarry

　この考え方の誤りでは，まるで人の心が読める魔術師のようなつもりになり，「自分は，ほかの人が何を考えているかをすべてわかる」と考えます。そして，「将来悪いことやダメなことが起きる」と確信をもって予測します。

▶ 「彼女は，わたしのことが嫌いにちがいない」

▶ 「みんなが，わたしのことを笑っているにちがいない」

▶ 「こんな服を着ていたら，頭おかしいんじゃないのって，友だちに思われる」

占い師のような考え方

ARTPUPPY/istock via Getty Images

　この考え方の誤りでは，まるで占い師のように，「自分は何が起きるかがわかる」と考えます。

▶ 「みんなと出かけても，結局きらわれて一人になってしまうだろう」

▶ 「どうせ，この仕事は，自分にはできないだろう」

▶ 「友だちのうちにお泊りに行っても，あたし，きっと眠れない」

xpixel/Shutterstock

HitToon/Shutterstock

悪いことばかりを予測する考え方は，失敗を予測して，悪いことが起きる予感を発生させます。そうならないように自分にできることや自分が楽しめることに注目するようにしましょう。

自分を責める考え方

　第四のタイプの考え方の誤りでは，自分自身に対して**つらく当たる**ようになります。自分で自分の悪口をいい，うまくいっていないことはすべて，自分の責任だと考えるようになります。

「クズ人間」のレッテルを貼ってしまう考え方

　自分に対して「クズ人間」のレッテルを貼ってしまう考え方です。そうすると，自分の行動をすべて，そのレッテルを貼って見てしまうことになります。

▶ 「自分は，負け犬だ」

▶ 「わたしって，絶望的」

▶ 「自分は，くずだ」

「自分のせい」と責める考え方

　自分が関連していることで，何か悪い出来事が起きたとしましょう。そのようなときに，それが，自分ではどうすることもできなかった場合であったとしても，**自分の責任だと感じて**，自分自身を責めてしまうことがあります。「自分がいけなかったのだ」「自分が悪かったのだ」「ダメなのは自分なのだ」と考えて，問題の責任を自分に課すのです。

▶ 「わたしがバスに乗ったとたん，バスが故障してしまった。わたしが乗ったのがいけなかったのかしら」と考えます。

▶ 向こうから友だちがやって来ました。しかし，その友だちは，あなたに気づかずに通り過ぎて行きました。「以前に，自分が彼の気にさわることをいったに違いない。それで，彼は，自分のことを無視したんだろう」と考えます。

▶ 仲間がいたから輪に入りました。そうしたら，友だちがいい合いをはじめました。「わたしが来ると，いつもいい合いになってしまう」と思います。

自分を責めてばかりいないで，自分の長所を思い出そう。その出来事が起きた他の理由も考えてみよう。

失敗する自分を作り出してしまう考え方

第五のタイプの考え方の誤りでは，自分自身に高すぎる基準を設定し，高すぎる期待をします。**目標が高すぎる**ため，いつになってもそれを達成できず，自分自身でダメだと感じてしまうことになります。このようになる考え方は，二つあります。

べき思考

Christophe BOISSON/Shutterstock

わたしたちはよく，自分には達成できない目標を設定してものごとを考えたり，そうした目標を目ざすよう，自分にいいきかせたりします。そのせいで，自分の失敗やまだ達成できていないことばかりが目立ち，「自分はダメだ」と思いこみます。この考え方はたいてい次のような形で表現されます。

▶ わたしは〜すべきだ。

▶ わたしは〜しなくてはならない。

▶ わたしは〜してはならない。

▶ わたしは〜できない。

完璧を目ざす考え方

Aquir/Shutterstock

この考え方の誤りでは，自分でやりとげられないほどの高い基準を設定し，目標達成を期待します。つねに完璧を目ざそうとするため，自分や人がその途方もない基準に達しないと，ひどく落ちこみます。

▶ 学校の成績目標をあまりに高く設定すると，B⁺をもらったり，特に悪い成績ではなかったりしても，大きなショックを受けたり，腹が立っ

たりするかもしれません。

▶ 完璧なスイマーになりたいと思っていると，競技大会で2位になっても，がっくりするかもしれません。

▶ 自分の友だちは優しくて信用できるはずだと思っていると，その期待を裏切られたとき，すごく怒りを感じるかもしれません。

あなたの立てた目標は高すぎない？　そして，達成できるはずだと期待しすぎていない？　できなかったところに注目するのではなく，できたことに目を向けて認めよう。

誰でもこのような考え方の誤りをします。普通のことです。

しかし，このような誤った考え方を繰り返し，何回もするようになると問題が起きます。日常生活でやりたいことがあっても，「自分にはできない」と考えてやらなくなってしまうのです。実際にやればできるのに，「どうせ自分はダメだ」と誤って考え，やらなくなるのです。よくある考え方の誤りに気をつけましょう。

▶ マイナス面ばかりを見る考え方

▶ ダメなところを大げさに強調する考え方

▶ 悪いことばかりを予測する考え方

▶ 自分を責める考え方

▶ 失敗する自分を作り出してしまう考え方

考え方の誤りを見つける

否定的な考えに気づいたら，考え方の誤りになっていないかどうかを調べましょう。以下の考え方の誤りのなかから，自分に当てはまるものを選んで，そこに自分の考えを書いてください。

マイナス面ばかりを見る考え方

Stuart Miles/Shutterstock

ダメなところを大げさに強調する考え方

Cobisimo/Shutterstock

悪いことばかりを予測する考え方

自分を責める考え方

JrCasas/Shutterstock

失敗する自分を作りだしてしまう考え方

Aquir/Shutterstock

124

誤った考え方をしていないか
調べてみよう

　次の質問に答えて，自分が気をつけなくてはならない誤った考え方を見つけましょう。

マイナス面ばかりを見る考え方

▶ 「何か悪いことが起るんじゃないか」と，心配になることがありますか？

まったくない　　　　　**時々ある**　　　　　**よくある**　　　　　**いつも**

▶ 自分が十分にできなかったことや失敗したことを気にして，くよくよ考えることはありますか？

まったくない　　　　　**時々ある**　　　　　**よくある**　　　　　**いつも**

▶ 自分に関係することで，よかったことやうまくいったことを見落としたり，無視したりすることはありませんか？

まったくない　　　　　**時々ある**　　　　　**よくある**　　　　　**いつも**

▶ 自分が何かを上手にやっても，「そんなのたいしたことない。意味ないよ」と考えてしまうことはありませんか？

まったくない　　　　　**時々ある**　　　　　**よくある**　　　　　**いつも**

ダメなところを大げさに強調する考え方

▶ 「100％完全にできなければ，それは，できないことと同じ」と考えることはありませんか？

まったくない　　　　　**時々ある**　　　　　**よくある**　　　　　**いつも**

▶ うまくいっていないことを，実際よりも大きな問題だと考えることはありますか？

まったくない　　　　　**時々ある**　　　　　**よくある**　　　　　**いつも**

▶ 何かちょっとした悪いことが起きただけでも，最悪な結果を考えて，問題をどんどん大きくしてしまうことはありませんか？

まったくない 　　　　　 時々ある 　　　　　 よくある 　　　　　 いつも

悪いことばかりを予測する考え方

▶ 「ほかの人が自分のことをどう考えているのか」よくわかると思うことはありますか？

まったくない 　　　　　 時々ある 　　　　　 よくある 　　　　　 いつも

▶ 何かをするときに，「自分は失敗をするのではないか」と考えることがありますか？

まったくない 　　　　　 時々ある 　　　　　 よくある 　　　　　 いつも

自分を責める考え方

▶ 「自分はなんてバカだ」とか「自分は負け犬だ」とか考えることはありますか？

まったくない 　　　　　 時々ある 　　　　　 よくある 　　　　　 いつも

▶ 問題が起きたり，うまくいっていないことがあったりすると「自分のせいだ」と考えることはありますか？

まったくない 　　　　　 時々ある 　　　　　 よくある 　　　　　 いつも

失敗する自分を作り出してしまう考え方

▶ 自分はあれやこれやをする「べきだ」と考えることはありますか？

まったくない 　　　　　 時々ある 　　　　　 よくある 　　　　　 いつも

▶ 何かをするときに，「自分がしなくてはならない」と考えることはありますか？

まったくない 　　　　　 時々ある 　　　　　 よくある 　　　　　 いつも

▶ ものごとは完全でなければ十分ではないと考えることはありますか？

まったくない 　　　　　 時々ある 　　　　　 よくある 　　　　　 いつも

第9章

バランスの取れた考え方

　「考え方の誤り」にはまると，自分が単に頭のなかで思いついただけの「ダメだ。失敗だ」という考え方を本当のことと思いこんでしまいます。その結果，何でも「ダメだ。失敗だ」と考えるようになり，ものごとをそれ以外の視点から見ることができなくなります。

　このような考え方の誤りから生じた悪循環から抜け出すには，まず頭のなかに浮かんでくる役に立たない考え方を見つけ出し，そこで考えたことが本当かどうかを調べてみる必要があります。そうすることで，わたしたちは，ものごとをバランスよく考えることができるようになります。ただし，そのように自分の考え方を見直す作業は，すぐにできることではありません。考え方を見直し，**偏っていない考え方**ができるようになるためには，練習が必要です。

　そのようなときに，あなたを助けてくれるのが**考え太くん**です。

その証拠は？

Vector Tradition SM/Shutterstock

　自分自身の考えを見直すために役立つのが，裁判するときに登場する判事がするような方法です。あなたの考えを法廷の判事の前に引っ張り出し，その考えを支持する証拠や，それを疑う反証を見つける方法です。法廷ではよく，さまざまな証人が証拠の提示を命じられ，あらゆることがくわしく調べられたのちに，偏りのない判決が下されます。あなたも，知り合いを証人に見立てて自分の考えを詳しく調べ，考え方の誤りにはまっていないかどうかをチェックしてから，バランスの取れた考え方を決めるとよいでしょう。

　では，以下の質問を手がかりにして，自分の考えに関する**証拠**を調べていきましょう。

　この考え方が**本当だとする**ならば，その証拠はなんですか？

この考え方が**本当でないとする**ならば，その理由はなんですか？

あなたがこういう考え方をしていることを知ったら，**証人**（親友／先生／親）は，なんというと思いますか？

自分の考えをよく調べて，**考え方の誤り**にはまっていないかどうかをチェックしましょう。

▶ **マイナスばかり見ていて**，自分の長所を忘れていないだろうか？
　（ダメダメ色メガネをかけているのでは？　もしくは，よいところを無視しているのでは？）

▶ **ダメなところを大げさにとらえ**，実際よりも大きな問題にしていないだろうか？
　（全か無かの考え方，マイナス面を大げさに考えたり，雪だるま的な考え方になっていないだろうか？）

▶ **悪いことばかりを予測して**，うまくいきそうにないと思いこんでいないだろうか？
　（読心術師や占い師のようになっていないだろうか？）

▶ ものごとがうまくいかないことに責任を感じて自分につらく当たり，**自分を責めて**いないだろうか？
　（自分にクズ人間のレッテルを貼ったり，自分のせいにしたりしていないだろうか？）

▶ 達成不可能な基準を設定して，**失敗する自分を作り上げて**いないだろうか？
　（べき思考をしたり，完璧を目ざしたりしていないだろうか？）

どのような**判決**が出ましたか？　今回の件について，事実に当てはまるよりバランスの取れた別の考え方がありますか？

lineartestpilot/Shutterstock

Vector Tradition SM/Shutterstock

　バランスの取れた考え方とは，何もかも肯定的にとらえるということではありません。わたしたちは現実に即して考える必要があります。現実を無視した考え方をするならば，自分自身をごまかして，「問題なんて何もない」ふりをしていることになるでしょう。ここでいいたいのは，そういうことではありません。

ヒントを一言

　バランスの取れた考え方とは，事実の全体を見渡して，一部しか見ていなかったときに見落としたかもしれない新たな事実を探すことです。

で，それはどう働く？

シズカの宿題

　ある日，シズカは，家でテレビを見ていました。そのとき自分が苦しい気持ちになって，涙ぐんでいるのに気づきました。大好きなテレビ番組をやっていたのですが，何も耳に入ってこなくなりました。テレビをつけっぱなしにして，ぼんやりと何かを考えている状態になっていたのです。

　そこで，シズカは，**考え太くん**の助けを借りることにしました。その結果，次のような考えが頭に浮かんできていることが明らかになりました。

▶ もう，何もかもダメだ。

▶ 試験に受かるわけがない。

▶ わたしって本当にバカだと思う。

　シズカは，「自分が悲しい気持ちになっていたのは，このようなことを考えていたからなんだ」と気づきました。そして次にしたのは，そのことに関連して，どのような出来事が実際に起きているのか調べることでした。シズカは，自分が今，偏りのない考え方をしているかどうかを調べるために，考え太くんの助けを借りて，**その証拠は？**ときいてみることにしました。

▶ **この考え方を裏づける証拠はなんだろう？**
　今夜は，数学の宿題をなんとかして終わらせようとしたのに，どんなにがんばっても，問題を解けそうになかった。

▶ **この考え方には問題があるとする証拠はなんだろう？**

そういえば，これまで数学の試験で赤点を取ったことはなかったっけ。それに，今年は，合格ラインを下回った科目はまだ一つもないわ。

▶ **親友のクミはなんていうだろう？**（最初の証言）

「数学はあなたの得意科目じゃないよね。でも，試験はいつだって合格点取ってるじゃない。それに，ほかの科目では上位グループにいるわ」

▶ **数学の先生はなんていうだろう？**（次の証言）

「この分野は，まだ取り組みはじめたばかりだから，もう少し時間をかけないと，クラス全員が理解するのは無理だろうな」

▶ **証拠を検討しよう。自分の考え方に誤りはないだろうか？**

1. **マイナス面ばかりを見る考え方**

ダメダメ色メガネをかけていて，この宿題のことしか考えられなくなっていた。ほかの科目では上位グループにいることや，試験で落第点を取ったことがないことを，すっかり忘れていた。

2. **ダメなところを大げさに強調する考え方**

否定的な面を大げさに考えている。この日の宿題が解けそうにないというだけなのに，考えが悪いほうにエスカレートして，自分は何をやってもダメだと決めつけている。

3. **悪いことばかりを予測する考え方**

占い師のように，試験には通らないと予測している。

4. **自分を責める考え方**

自分のことを「バカ」といい，**クズ人間のレッテル**を貼っている。でも，友だちや先生は，シズカは頭がよいと思っている。

判決

シズカは，何でも「否定」とする考えをとりあえず止めました。そして，そのような考えが本当に正しいのかを見直しました。それを通して，自分が偏った一面しか見ていなかったことに気がつきました。

▶ シズカには宿題の数学の問題が解けなかったが，それは，まだ習い立ての内容だった。

▶ 数学は苦手だが，これまで，試験で落第点を取ったことはない。

▶ 最後には，自分がほかの科目の成績がよいことや，何をやってもダメだと決めつける理由はないことを認めた。

130

アキオの友だち

　アキオはベッドで横になっていましたが，自分がひどく緊張していることに気づきました。そこで，**考え太くん**に手伝ってもらい，どんな考えが頭のなかを駆けめぐっているかを調べました。

マコトはもうぼくのことを嫌っている。

マコトは一人でいたいと思っているんだ。

ぼくはまじめなだけでつまらない人間だ。

マコトは，ぼくのせいでイライラしている。

　アキオは，自分がこのような考えをしているのに気がつきました。そこで，次の段階として，自分が何でも「ダメだ」としてしまう偏った考えにとらわれているのか，それとも偏っていない考えをしているのかを見直すことにしました。アキオは，考え太くんの助けを借りて**その証拠は？**　ときいてみることにしました。

▶ **この考え方を裏づける証拠はなんだろう？**
　　マコトは，今日の放課後はぼくの家に来られないといった。ぼくと話しているとき，あまり楽しそうじゃないし，ぼくの話をあまりきいていないようなときがよくある。

▶ **この考え方には問題があるとする証拠はなんだろう？**
　　マコトは，先週末，ぼくの家に泊まりに来て，今度の土曜日にはうちにおいでよと誘ってくれた。そのとき，両親のことを心配していたのを知っている。だから，たぶん両親と家にいたいんだろう。

▶ **友だちのシンはなんていうだろう？**（最初の証言）
　　「マコトはこのところ，いつものマコトじゃないみたいだ。悲しそうだし，本当に両親のこと，心配しているみたいだよ」

▶ **証拠を検討する。自分の考え方に誤りはないだろうか？**
　1. **マイナス面ばかりを見る考え方**
　　　読心術師のように，彼が自分を嫌っていることを見抜いたつもりになっている。
　2. **自分を責める考え方**
　　　マコトとは5年も前から仲よくしているのに，アキオは自分のことを「面白くない」と考え，クズ人間のレッテルを貼っている。それに，マコトがあのような行動を取るのは，自分のせいとも

考えている。別の理由があるかもしれない。たぶんマコトは両親のことを心配しているのだろう。

判決

アキオは，自分が**偏った一面しか**見ていなかったことを認めました。

▶ アキオとマコトは相変わらず仲がよく，もう，次に会う約束もしていた。

▶ アキオは，マコトが自分にイライラしているのではなく，たぶん何か別のことを心配しているせいで楽しくなさそうなんだと気づいた。

「4C」──考えを見つけて，調べ，見直して，変える

考え方の誤りにはまっていないかどうかを調べる方法は，もう一つあります。4Cと呼ばれるもので，うまくいっていない認知を**見つけて，調べ，見直して，変える**というプロセスをたどります〔4Cは，この4ステップを表す英語「catch it, check it, challenge it, change it」の各動詞の頭文字から〕。

▶ **見つける**：イヤな気持ちの原因になっている思考や，行動しないようにと思いとどまらせている考えを**見つける**。

▶ **調べる**：考え方の誤りにはまっていないかどうかを**調べる**。状況を，実際よりも悪くとらえていないだろうか？ ものごとを大げさにしたり，自分を責めたり，失敗を予測したりしていないだろうか？

▶ **見直す**：自分が考えていることを**見直す**には，その考え方が疑わしいことを示す証拠を探す。何かよいことで，これまで見落としていたことはないだろうか？ ダメダメ色メガネをかけて見たり，失敗する自分を作り出してしまう考え方をしたりしてはいないだろうか？

▶ **変える**：考え方をもっとバランスの取れたものに**変える**ことで，気分が軽くなり，ものごとにうまく対処して，よい結果を出せるようにする。

「4C」を使って，自分の考え方をチェックしよう。自分の思考を見つけて，調べ，見直して，変えよう。

で，それはどう働く？

レイは新しいスニーカーをほしがっている

　レイは母親に新しいスニーカーを買ってほしいと頼みましたが，ダメだといわれました。レイはすごく腹が立ち，「4C」を使って自分の考え方を調べてみることにしました。

▶　**自分の考えを見つける**。どのような考えのせいで，イヤな気持ちになっているのだろう？

　レイの怒りは収まらず，たくさんの考えが頭のなかに浮かんでいます。

こんな古いスニーカーじゃ，友だちと出かけられない。

母さんはぼくが嫌いだから，なんにも買ってくれないんだ。

友だちはみんな，このスニーカーのこと，カッコ悪いと思ってる。

▶　それらの**考えを調べる**。状況を，実際より悪くとらえていないだろうか？

　レイは新しいスニーカーがほしいと思っていましたが，**ものごとを大げさにしていた**ことがわかってきました。このスニーカーを履くようになって4カ月になりますが，このスニーカーについて，友だちから何かをいわれたことはありません。
　レイは**悪いことばかりを予測**もしていました。読心術師のように，自分のスニーカーのことを友だちがどう思っているか，母親がどんなに自分を嫌っているかを見抜いたつもりになっていました。

▶　**自分の考え方を見直す**。何か役に立つことやよいことで，これまで見落としていたことはないだろうか？

　レイにはこれが難しく感じられて，最初は何も思いつきませんでしたが，しばらくすると，自分が**マイナス面ばかりを見る考え方**をしていたことに気がつきました。ダメダメ色メガネをかけていたせいで，友だちはこの自分が好きなのであって，身につけているものを好きなのでないことがわかっていませんでした。それに，あのとき母親には金銭的な余裕がなかったことにも気がつきませんでした。

▶ 考え方を**変える**。

　少し立ち止まって，状況をじっくり考えることで，レイは落ち着きを取り戻し，これまでよりバランスよく，今回のことを考えられるようになりました。

考え方を変える

レイは今もまだ新しいスニーカーがほしいと思っていますが，母親にお金がないという事実は受け入れました。今履いているスニーカーも，買ったときにはカッコよかったのだから，今もそんなにひどいはずがありません。たぶん友だちは，レイほどにはこのスニーカーに注目してはいないでしょう。

キョウカは仲間はずれにされていると思っている

　キョウカは自分のSNSを見て，友だちが，カラオケに出かけたときのことを話しているのを知り，ひどく動揺しました。みんな，キョウカの友だちなのに，彼女を仲間はずれにしたのです。

▶ 自分の思考を**見つける**。どのようなことを考えたせいで，イヤな気持ちになったのだろうか？

たくさんの考えが頭のなかに浮かんでいます。

みんな，わたしが嫌いなんだ。

誰もわたしと一緒にいたいなんて思わないのね。

わたしはいつも仲間はずれだ。

▶ それらの考えを**調べる**。状況を，実際より悪くとらえていないだろうか？

　キョウカはあまりに動揺していて，調べるなんて無理だ，と思いました。そこで，思っていることをいろいろ書き出してみると，自分が自分につらく当たり，**自分を責めている**ことに気がつきました。友だちが誘ってくれなかったからといって，みんなが自分と一緒にいるのを嫌がっているということにはなりません。

　キョウカは悪いことばかりを予測もしていました。読心術師のように，みんなが自分を嫌っていると見抜いたつもりになっていました。また，**ダメなところを大げさにとらえても**いました。彼女は「いつも」

仲間はずれにされていたわけではありません。今日だって，学校で友だちと集まって，楽しく過ごしていたのですから。

▶ 自分の考え方を**見直す**。何か役に立つことやよいことで，これまで見落としていたことはないだろうか？

　キョウカは**マイナス面ばかりを見る考え方**になっていました。ダメダメ色メガネをかけていたせいで，自分は「いつも仲間はずれにされている」と思いこみました。もし誘われたとしても，お小遣いがなくて出かけるのは無理だったでしょう。それに，土曜日に二人の友だちと映画を観る約束をしていたのを忘れていました。

▶ 考え方を**変える**。

　偏りのない考え方で今回のことを考えれば，キョウカの気分はよくなるでしょう。

考え方を変える

キョウカは，友だちが電話をくれなかった別の理由を考えはじめました。たぶん，友だちは彼女が「嫌い」なのではなく，電話をかける時間がなかったか，電話するのを忘れたかしたのでしょう。友だちにも，もうちょっと思いやりがあったらよかったのですが……。ともあれ，お小遣いはなかったのです。それに，土曜日には，何人かの友だちと映画を観る予定も入っています。

もし自分が友だちを助けるとしたら，どのようにする？

　ときには，自分自身の状況について考えたり，自分自身の考え方を見直したりするのが難しいこともあります。そういう場合は，自分と同じことを考えている**友だちを助けるとしたら**，どのようにするかを考えてみるといいでしょう。

▶ たとえば，あなたはあるテストで，0点ではないけれど，かなり悪い点を取り，「**こんな問題，どうやったって解けないわ。なんで，わたし，こんなにばかなの**」と考えていたとしましょう。もし同じことを友だちがいったら，あなたはその友だちにどのような言葉をかけますか？

　おそらく，「**そうね，あなたって，ほんとにばかで，いつもダメよね**」とは**いわないでしょう**。

　たぶん，何か**見落としていることや忘れていること**を指摘して，「で

もさー，美術はすごくよい点じゃない」とか，「今回はたまたまだと思うよ。だってこんなに悪い点は初めてよね」などというのではないでしょうか。

▶ たとえば，あなたは友だちと仲たがいをして，「なんでぼくはダメな人間なんだ。誰もぼくのことなんか，好きにならないよ」と思うかもしれません。もし同じことを友だちがいったら，あなたはその友だちにどのような言葉をかけますか？

　おそらく，「そうだね，きみは，ダメなやつだ。たしかに，きみのこと，好きなやつなんて，いないよ」とはいわないでしょう。

　たぶん，何か見落としていることや忘れていることを指摘して，「きみがけんかした相手，今，誰ともうまくいっていないみたいだよ」などというのではないでしょうか。

自分と同じことを考えている友だちがいたら，どのような言葉をかけるだろうと自問して，考え方を変えよう。

　バランスの取れた考え方とは，事実の全体を見渡して，一部しか見ていなかったときに見落としていた新たな事実を探すことです。全体像を見ているかどうかは，以下の方法でチェックできます。

▶ 「その証拠は？」と，自分に問いかける。

▶ 「4C」——考えを「見つけて，調べ，見直して，変える」プロセス——を活用する。

▶ 自分と同じことを考えている友だちにどのような言葉をかけるかを考える。

その証拠は？

以下の質問を利用して，自分の考えに関する**証拠を調べる**ことができます。そうすれば，もっとバランスの取れた考え方が見つかるでしょう。

今，どんな考えが頭のなかをに浮かんでいる？

この考え方を**裏づける**（本当とする）証拠は？

この考え方には**問題があるとする**（本当ではないとする）証拠は？

自分がこうした考え方をしていることを知ったら，**証人**（親友／先生／親）は，なんというだろう？

自分の考えをよく調べて，**考え方の誤り**にはまっていないかどうかをチェックしよう。

どのような判決になる？　今回の証拠にもっとよく合う，もっとバランスの取れた別の考え方がある？

「4C」（見つけて・調べ・見直して・変える）

「4C」——考えを「見つけて，調べ，見直して，変える」プロセス——を活用して，自分が事実の一部だけではなくて全体を見ているかどうかを調べることができます。

イヤな気持ちの原因になっている考えや，行動を思いとどまらせている考えを**見つけよう**。

考え方の誤りにはまっていないかどうかを**調べよう**。状況を，実際よりも悪くとらえていないだろうか？　ダメなところを大げさにしたり，自分を責めたり，悪いことばかりを予測したりしていないだろうか？

自分が考えていることを**見直そう**。何かよいことで，これまで見落としていたことはないだろうか？　マイナス面ばかりを見てしまう考え方をしたり，失敗する自分を作り出してしまう考え方をしたりしてはいないだろうか？

もっとバランスの取れた考え方に**変えよう**。そうすることで，気分をよりよくし，ものごとにうまく対処して，よい結果を出せるようにしよう。

どのようにして友だちを助ける？

　自分の考えをなんとかしたいとき，「自分と同じことを考えている人がほかにいたら，自分はその人に**どのような言葉をかけるだろう**」と考えるほうが簡単かもしれません。わたしたちは，自分には厳しくしても，友だちには優しくすることが多く，友だちがこれまで見落としたり忘れたりしていることに気づけるよう，力を貸すこともよくあります。

今，どんな考えが頭のなかを駆けめぐっている？

同じことを考えている友だちがいたら，どういう言葉をかける？

◀第10章▶ 心の中心にある 「思いこみ」

　心の中心にある「思いこみ」とは，「自分は，〜のような人間だ」「自分は，〜でなければならない」「人は，自分のことを〜のように見ているにちがいない」というような自分自身についての固まった考え方です。

　わたしたちはこの「思いこみ」に基づいて，「次は，〜のようなことが起きるだろう」と推測します。また，「この出来事には，〜のような意味があるのだろう」と考えます。このようにわたしたちは，心の中心にある「思いこみ」を参考にして，自分の周りの出来事を予測したり，その意味を理解するのです。

　このような「思いこみ」の多くは，子どものころに形成されます。わたしたちは，小さな子どものころの体験に基づいて，次のようなことに関する考え方を固まった思いこみとしてもつようになっていきます。

▶　自分をどのように考えるのか

▶　自分の行動をどのように評価するのか

▶　自分の将来をどのように考えるのか

　自動思考は，**「心の中心にある思いこみ」**が，日常の考えになって頭のなかに浮かんできたものです。そのため，心の奥にある思いこみが否定的なことばかり考える傾向のものであれば，自動思考も否定的になります。

大切にしてもらえないマサシ

　マサシは，「誰も自分のことを大切にしてくれない」という「思いこみ」をもっていました。その結果，この「思いこみ」が正しいと思えるような自動思考をたくさん経験していました。たとえば，次のような考えが自動思考として，彼のなかに次々に浮かんでいました。

141

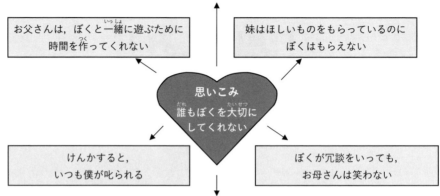

お父さんもお母さんも，ぼくの話を
ちゃんときいてくれない

お父さんは，ぼくと一緒に遊ぶために
時間を作ってくれない

妹はほしいものをもらっているのに
ぼくはもらえない

思いこみ
誰もぼくを大切に
してくれない

けんかすると，
いつも僕が叱られる

ぼくが冗談をいっても，
お母さんは笑わない

ほかの家族は観たいテレビ番組を選べるのに，
ぼくは選ばせてもらえない

わたしたちは，マサシの見方とは違ういろいろな見方をすることができます。ところがマサシは，あらゆる出来事をすべて「誰も自分のことを大切に思っていない」という「思いこみ」を証明するものと考えてしまい，それ以外の見方ができなくなっています。

心の中心にある「思いこみ」を見つける

考え太くんは，心の中心にある「思いこみ」を見つける方法を教えてくれます。その方法は，「それって，どういうこと？」と次々に質問していくもので，「それってどういうこと調査法」といいます。

否定的な考え方を取り出して「それって，どういうこと？」と繰り返し自分に質問をします。その質問は，いいかえると「それって，自分にとってどう意味をもつのだろう？」と自分に問いかけることです。

そして，自分の心の中心にある「思いこみ」を見つけるまで，その質問を繰り返します。

バスケットクラブの選手を外されたサトミ

サトミは，学校のバスケットボールのチームに入っています。しかし，そのチームの選手からはずされて，とても落ちこんでいました。そして，なんでも「ダメだ」と悪い方向に考えるようになりました。そこでサトミ

は，**考え太くん**の助けを借りて自分の心の中心にある「思いこみ」を探っていくことにしました。

> 自動思考：「わたしだけ，レギュラーから外されちゃった」
>
> **それって，どういうこと？**
>
> もしこれが本当なら，これはわたしにとってどういうこと？

↓

> 「わたしが一番外しやすいってこと。だから，いつも最初に外されるんだ」
>
> **それって，どういうこと？**
>
> もしこれが本当なら，これはわたしにとってどういうこと？

↓

> 「わたしのことなんて，誰も心配してくれないってことよ」
>
> **それって，どういうこと？**
>
> もしこれが本当なら，これはわたしにとってどういうこと？

↓

> 「わたしはどうでもいい存在ってこと」

テストの点数でがっかりしたトシキ

　トシキは，テスト結果を受け取り，とてもがっかりしました。実際には，まあまあの点数だったのですが，トシキにとっては満足できるものではありませんでした。そこでトシキは，考え太くんの助けを借りて，自分の考え方を探り，心の中心にある「思いこみ」を見つけようと考えました。

> 自動思考：「72点しか取れなかった」
>
> **それって，どういうこと？**
>
> もしこれが本当なら，これはぼくにとってどういうこと？

↓

> 「試験でうまくできなかったってことだ」
>
> **それって，どういうこと？**
>
> もしこれが本当なら，これはぼくにとってどういうこと？

↓

> 「すごく簡単な問題を間違えてたってことだ」
>
> **それって，どういうこと？**
>
> もしこれが本当なら，これはぼくにとってどういうこと？

↓

> 「全部ちゃんと答えることが出来なかったってことだ」
>
> **それって，どういうこと？**
>
> もしこれが本当なら，これはぼくにとってどういうこと？

↓

> 「ぼくは完璧ではないってこと」

　心の中心にある「思いこみ」を見つけることで，なぜ自分がいつも同じ考え方に行き着くのかがわかるようになります。

▶ サトミは，「**わたしなんて，どうでもいい人間なんだ**」という「思いこみ」をもっていました。サトミは，どうして自分のことをいつも「ダメだ」と考えてしまい，評価を下げてしまうのかを理解しました。

▶ トシキは，「**自分はつねに完璧でなければいけない**」という「思いこみ」をもっていました。そのため，できないことがわかるといけないので，新しいことに挑戦したり，やり方を変えてみたりすることができなくなっていました。

ヒントを
一言

心の中心にある「思いこみ」を見つけると，なぜ同じ問題が繰り返し起きるのかを納得できるようになるでしょう。

心の中心にある「思いこみ」

　心の中心にある「思いこみ」が見つかったら，次は，それをよく調べ，それが本当に正しいかどうかを見直す必要があります。

　心の中心にある「思いこみ」は自動思考に似た性質をもっています。つまり，わたしたちは，実際にそれが正しいかどうかを疑わずに，すぐにその考えを信じてしまう傾向があるということです。そのため次のような質問をすることが大切になってきます。

▶　ものごとの一部だけでなく，全体を見ているだろうか？

▶　その思いこみが正しくないことを示す事実を見落としていないだろうか？

心の中心にある「思いこみ」が**正しくないことを示す**事実を探さなくてはいけません。どんなにささいなことに思えても，どんなにつまらないことに思えても，**それを見つけてみましょう。**

ヒロシにはよいところがない

ヒロシは心の底で，自分にはよいところがないと思いこんでいました。いつも人を不愉快にするし，しょっちゅう問題を起こして怒られてばかりいると思っていました。そこで，**考え太くん**に手伝ってもらって，この思いこみが正しいものかどうかを調べることにしました。

ヒロシは，ある日，その日の授業で起きたことを書きました。そして，そこに書かれた出来事を読み直して，自分の考えと合っていない事実があるかどうかを調べることにしました。ヒロシは自分がほめられたり，嬉しくなることをいわれたりしたときには，必ずそれを記録をするようにしました。本当によいところがなければ，周りの人が自分をほめたり，嬉しくなることをいってくれるはずがないと考えたからです。

1日の終わりに記録を見ると，以下のように書かれていました。

算数　　　宿題をやってきたことをほめられた。

国語　　　何もいわれなかった。

理科　　　自分がやった課題について，先生に3回ほめられ，授業態度についても1回ほめられた。

歴史　　　何もいわれなかった。

国語　　　何もいわれなかった。

友だち　　リクトから，放課後うちに遊びにおいでよと誘われた。

こうして記録を見てみると，問題は一度も起こしていませんし，何人かにはほめられ，リクトからは放課後の誘いも受けています。ただヒロシは，これだけでは，自分の心の中心にある「思いこみ」が正しくないとは思えませんでした。この日の出来事については，「いつもはこんなじゃないからなあ」とせっかくの事実を打ち消してしまったのです。

そこで，ふたたび**考え太くん**が現れました。ヒロシは**考え方の誤り**にはまっていて，自分を責め，よいことが起きても，それを軽視しているからです。そこで，**考え太くん**はヒロシに，1週間日記をつけてみてはどうだ

ろうといいました。そうすれば，今日のことは「1回かぎりのこと」だったのかどうか，状況はヒロシが思っているよりいいのかどうかがわかるだろうというのです。

人に話してみる

あなたの「思いこみ」が強い場合には，ヒロシのようにそれを見直すことは，難しいと思うかもしれません。「思いこみ」が強いと，その考えと一致しない事実があっても，それを受け入れにくくなります。

そのような場合，そのことを誰かに話してみるとよいでしょう。仲良しの友だちや身近な人に話して，その人が，自分と同じようにそのことを考えるかどうかを調べてみましょう。あなたが話した相手の人は，新しい情報を伝えてくれるかもしれませんし，あなたが気づかなかったことや受け入れにくいことについても，新しい見方や考え方を教えてくれるかもしれません。

忘れないで！

わたしたちは，自分の思いこみを裏づける証拠を見つけるのが得意です。自分の心の中心にある「思いこみ」を見つけるには，否定的な考えをひとつ取り上げて，**「それって，どういうこと？」**と，繰り返し自分に問いつづけることが大切です。

自分の考えが本当に正しいものなのか，あるいは思いこみなのかを調べるためには，その**考えと一致しない事実**を日記に書いたり，リストアップしたりすると，自分が一部分しか見ていないかどうかを調べることができます。

そうするのが難しいと思ったら，**誰かと話してみましょう**。あなたは考え方の誤りにはまり，別の見方ができなくなっているのかもしれません。あなたが見落としていることを，その人が教えてくれることもあるでしょう。

心の中心にある「思いこみ」を見つける

　よく頭に浮かんでくる否定的な考えを一つ選び，「**それって，どういうこと調査法**」を使って，自分の心の中心にある思いこみを見つけましょう。心の中心にある思いこみを見つけるまで，「それって，どういうこと？」と質問しつづけます。

よく頭に浮かぶ否定的な考え：

それって，どういうこと？ もしこれが本当なら，これは自分にとってどういうこと？

それって，どういうこと？ もしこれが本当なら，これは自分にとってどういうこと？

それって，どういうこと？ もしこれが本当なら，これは自分にとってどういうこと？

それって，どういうこと？ もしこれが本当なら，これは自分にとってどういうこと？

それって，どういうこと？ もしこれが本当なら，これは自分にとってどういうこと？

自分の心の中心にある「思いこみ」

この思いこみは，つねに正しい？

　自分の心の中心にある「思いこみ」から一つ選んでください。そして，これから1週間，どんな小さなことでもよいので，その思いこみとは一致しない事実を見つけて，書き留めましょう。思いこみが**正しくない証拠があったら**，どんなことでもよいのでメモしましょう。

自分の心の中心にある「思いこみ」

思いこみが正しくない事実

誰^{だれ}もがもっている「思いこみ」チェック

下の絵のなかで，考え太くんが示している考えは，よくある思いこみです。あなたは，考え太くんの考えに対して，どれくらい「そうだ」と思いますか。第12章の温度計の1点から10点までの点数で示してください。

何をするにしても，
ほかの人より
優れていることが大切だ。

そうだ得点：

自分は，人より劣っている。

そうだ得点：

自分を大切に思ってくれる
人なんていない。

そうだ得点：

自分が大切に思っている人は,
いつもそばにいてくれる。

そうだ得点：

自分には，助けてくれる人が
必要だ。

そうだ得点：

自分は，運が悪い。

そうだ得点：

自分の気持ちよりも，他の人の
気持ちを先に考えるほうがいい。

そうだ得点：

他の人は，何をするか
わからないので怖い。

そうだ得点：

誰も自分のことを本当には
わかってくれない。

そうだ得点：

自分は，他の人よりも偉い。
特別だ。

そうだ得点：

いいたいことをいったら，
相手を怒らせたり，
イヤな気持ちにさせるだろう。

そうだ得点：

自分の本心を人に見せては
ならない。

そうだ得点：

何をするにしても
親の意見をきくことが大切だ。

そうだ得点：

何をしても何をいっても
許されると思う。

そうだ得点：

自分は，ダメ人間だ。

そうだ得点：

考え方をコントロールする

◀第**11**章▶

わたしたちの頭のなかには，いつもいろいろな考えが浮かんできています。そうした考えのなかには，自分自身について，自分の行動について，自分の将来について，悪い方向に偏っていく考えもあります。わたしたちは，その多くを疑わずに，まるで本当のことであるかのようにみなして，受け入れます。その結果ダメの罠に引っかかり，それにとらわれ，ものごとを自由に考えることができなくなるのです。

▶ 否定的な考えはどんどん大きくなり影響力が強くなります。

▶ 否定的な考えは強すぎて，その他の考えがきこえにくくなります。

▶ 否定的な考えをきけばきくほどイヤな気持ちになり，自由に行動できなくなります。

思考から一歩下がる

頭のなかにはいろいろな考えが浮かびます。そうした考えは，そのまま受け入れて，通りすぎていくのを見守ることで，イヤな思いを減らせるようになります。考えが気持ちや行動に悪い影響を与えないようにするためには，考えに引きずられないように，一歩離れて眺めることが重要です。一歩離れて，考えが浮かんでは消えていくのを見守りましょう。ひとつ考えが思い浮かび，次の新しい考えが出てきているのがわかりますか？ そうした考えが頭に浮かんだからといって，それらの内容が正しいということではありません。考えを否定しようとしたり，考えないようにしたりしてはいけません。第5章「今ここ」で取り上げたエクササイズのなかにも，一歩下がるという対処法に役立つものがあります。

浮かんできた考えのせいで，動揺したり悩んだりしないようにしよう。
考えが浮かんでは消えていくのを見守り，それらに反応したり，考えないようにしたりしないようにしよう。

注意を向ける先を変える

　役に立たない考えを見つけます。そこでは，誤った考え方が生じています。誤った考え方には，いくつかのタイプがあることは，これまで学んできたとおりです。そこで，事実と照らし合わせ自分の考えが本当に正しいのかどうかを調べることが重要になります。これは，自分の考えが偏ったものでないかどうかを調べるのにも役立ちます。

　否定的な考えばかりしている人は，自分の考えを見直している時間などないように思われるかもしれません。それほど頻繁にそうした考えが生じるのであれば，気づいたらすぐ，そのように考えるのを止めることが必要となります。

　考え太くんは，あなたが自分の考えを見直し，新しい考えができるようになるための方法を教えてくれます。ただし，その方法は，いつも簡単に使えるというものではありません。自分の偏った考えに気づいたとしても，それを止めることができない場合もあるでしょう。しかし，そのことを心配する必要はありません。その方法が少しでも役立つときがあればよいのです。いずれにしろ練習は必要です。練習すればするほど，自分の考え方を改善できるようになります。このことは忘れないようにしてください。

注意をそらすこと

　ある状況に置かれたときに，いつもイヤな気持ちになったり，いつも否定的で役に立たない考えをしていたりすることに気づくことがあるかもしれません。そのようなときには，ちょっとした気晴らしをしたくなることでしょう。これには，**注意をそらす**方法が役立ちます。

　この方法を使えば，否定的な考えから注意をそらし，何か別のことを考えることで，自分の考え方をコントロールすることができるようになります。

否定的な考えをききつづける程，その考えは強くなり，それ以外の考えが耳に入らなくなります。

注意をそらす方法は，自分のしたいことをするために頭を上手に使う練習をするという考えから来ています。心配ばかりしている「考え」に耳を傾けるのではなく，自分のしたいことをするために頭を使うようにします。注意をそらすには，次に示すような方法があります。

目に見えたものをそのまま描写する

Tigatelu/istock via Getty Images

これは，そのときあなたが見ていることをこと細かに描写するという方法です。目の前に見えていることをできるだけ早く描写してみましょう。そして，色，形，大きさ，におい，手ざわりなどについて考えるようにします。

恐怖を感じるルミ

ルミは，学校の歴史の授業になると，怖くてたまらなくなることがよくあります。以前，クラスのみんなの前で，先生にひどく恥ずかしい思いをさせられたことがあるからです。今でも，あの出来事を思い出し，ぞっとします。怖いと感じると，心配がどんどんふくらんでいき，しまいには，自分の今の気持ちを思って顔がまっ赤になり，気が遠くなりそうで，怖くてたまらなくなります。

こんなときは，自分の考えを止めて自己コントロール感を取りもどす必要があります。自分の今の気持ちに注意を集中するのではなく，周りで起きていることに注意を向け，そのことを考えればよいのです。そこでルミは，歴史の授業に出て怖くてたまらなくなりはじめたときに，目の前に見えていたことをそのままノートに書いてみました。これがルミのメモです。

johave/Shutterstock

まわりには，15人の女の子が座っている。スギヤマ先生は，教室の前のほうに立っている。先生は，黒いシャツの上に丸首の赤いセーターを着ていて，黒いスカートはひざ丈だ。黒板に「今日は，16日水曜日。今日の宿題は，下書きを清書してくること」と書いている。横にはサチコがいる。サチコは，白いブラウスで袖口を折り返していて，黒いスカートにタイツをはいている。彼女の机には3冊の本が閉じたまま置いてある。サチコは，エンピツをいじっている。

こうして書いてみたところ，ルミの気持ちはだんだんと落ち着いてきました。怖いという気持ちや心配は，徐々に弱くなっていきました。再び怖くなることもありましたが，そのときには，周りのことを書くという作業をつづけることで，気持ちが落ち着き，自分をコントロールできるようになりました。

頭を使うゲームをする

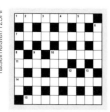

ratselmeister/123RF

注意をそらすためのもうひとつの方法は，頭を使うゲームをするということです。頭を使うゲームは集中力が要ります。たとえば次のようなものがあります。

▶ 123から9ずつ引いていく。

▶ 家族の名前を逆読みする。

▶ お気に入りのアーティストの曲名を一つずついっていく。

▶ 応援しているスポーツチームの選手名を一人ずついっていく。

ヒントを一言

頭を使うゲームは，がんばらないとできないくらい難しいものを選びましょう。簡単すぎるものではいけません。役に立たない考えや否定的な考えから注意をそらし，ゲームがその考えにとって代わることがポイントです。

没頭できる活動をする

anton_novik/Shutterstock

世の中には，気持ちの切りかえが上手な人がいます。そのような人は，その時々の活動に意識を集中させることができます。楽器の演奏，テレビ／ビデオの観賞，読書，ラジオや音楽をきくことなどが，気持ちを切りかえて集中できる活動として役立ちます。

自分のしている活動に集中すればするほど，否定的な考えにとらわれなくなります。そこで，役に立たない，否定的な考えにとらわれていると気がついたら，気持ちを切りかえて，次のような活動に没頭してみましょう。

▶ ベッドに寝転がり，くよくよ考えるのはやめて，ヘッドフォンで音楽をきく。

▶ 友だちから電話がかかってこないことを心配しつづけるのをやめて，読書をしたり，ぬり絵をしたり，パズルを解く。

　このようなことを繰り返し練習すれば，否定的な考えを簡単に止めることができるようになります。

自分をはげます

　役に立たない考えは，心配を強めたり，イヤな気持ちを高めたりします。そこで，そのような考えに耳を傾ける代わりに，自分を**はげます**方法を使ってみましょう。この方法が役立つのは次の理由があるからです。

▶ したいことやしようとすることをあきらめたり，それらから逃げたりするのではなく，やってみようと**勇気づけられる**。

▶ **心配や悲しみ，怒りを軽くしてくれる**。

▶ **うまく対処する**のを助けてくれる。

　自分をはげます言葉を声に出していいましょう。その言葉が自分にしっかりきこえるようにいってください。特に心配なことに取り組む場合は，そうした心配や疑いには耳を貸さず，自分をはげます言葉を繰り返すと効果が上がります。自分の今の気持ちを**はっきり認め**，やってみようという**意欲を引き出し**，自分はきっとうまく対処できるということを**思い出させてくれる**言葉を，自分にいいきかせるのです。

▶ 「自分には，こんなことできるはずがない」というような役に立たない考えに耳を傾けるのではなく，「あー，心配だな。でも，心配なんかに負けるもんか。これをするっていったらするんだ」というような自分をはげます言葉を繰り返そう。

▶ 「きっとうまくいかないだろうな。本当になさけない」というような役に立たない考えに耳を傾けるのではなく，「うまくいかなかったらどうしよう。怖いな。でも，やったことがあるから大丈夫。よしやってみよう」と自分をはげます言葉を繰り返そう。

何かをしようっとしているときさには，役に立たない考えをきくのはやめよう。やってみようと自分を勇気づけ，きっとうまくできることを思い出させてくれるような，自分をはげます言葉を声に出して繰り返そう。

自分をほめる

　わたしたちは，いつも自分自身を上手にほめているわけではありません。がんばってやりとげたことがあっても，それを大切に思わないこともあります。がんばったことを無視して，むしろできない自分のほうに注目しがちです。**自分をほめる**方法は，自分自身がやりとげたことに注目し，それを大切にするのを手助けするためのものです。

▶ 「1問しか答えられなかった。10問すべて答えるなんて無理だ」と考えるかわりに「1問はできた。よくできた。よしっ，次の問題を解いてみよう」というように，**自分をほめる**言葉を自分にいいきかせましょう。

▶ 「自分は話すのが苦手だな。友だちといてもうまく話せないよ」と考えるかわりに，「ルミに話しかけられたじゃない。今回も話せるよ」というように**自分をほめる**方法を使いましょう。

　自分をほめると「完璧にうまくいくわけではないけれど，思っていたよりも大丈夫」と思えるようになる。

外出するのが怖いエミ

　エミは，家から出ようとすると，いろいろなことが心配になり，外出するのが怖くなります。「何か悪いことが起きるのではないか」と考えて，心配でたまらなくなってしまうのです。

　そこで，自分をはげます方法や自分をほめる方法を使ってみることにしました。「何か悪いことが起きるかもしれない」という「考え」に耳を傾けるのではなく，それとは異なる考え方をしてみようと心に決めたのです。

　まず，家を出る前に，**自分をはげます**方法を用いました。エミは，「怖いなあ。でも，今日はちゃんと出かけよう」「すべてうまくいくだろう」「前に出かけたときも問題なくできた」「今，気分は落ち着いているし，元気もある。だから，今日は外出しよう」と自分自身にいいきかせました。

　エミは，家を出て道を歩きながら，**自分をほめる**方法を用いました。「もう半分まで来た。これはすごいことだ」「自分でもできるだろうと思っていたけど，実際にできたんだ」「うまくやれている」「大丈夫，うまくいっている」などと，自分をほめつづけました。

エミは家についた後，「よくやったね」「外に出ることは思っていたほど怖くなかったね」などと，忘れずに自分をほめました。そして，ゆっくりとお風呂に入り，がんばった自分をねぎらいました。

考えるのを止める

考えるのを途中で止めることができれば，自分の考えをコントロールしやすくなります。ところが，考えるのを途中で止めることは，意外と難しいものです。考えを止めようとしても，短い時間しか止められないでしょう。そのような場合には，第5章「今ここ」で出てきた方法を思い出して，いくつか試してみてください。考えに振りまわされず，考えがあることだけに気づき，きき流すことができます。

自分の考えをコントロールするためには，**考えるのを止める方法**が必要です。止めたい考えが浮かんできていることに気がついたら，次の方法を試してみましょう。

S. Hanusch/Shutterstock

▶ 止めたい考えに気づいたら，すぐに「**止まれ！**」と大きな声でいってみましょう。

▶ 「止まれ！」というのと同時に，机をたたいたり，イスやテーブルの一部をギュッとにぎったりしてみましょう。そうするとさらに上手にいくことがあります。

▶ それからまたすぐ，その考えに挑戦していることをしっかり意識しながら，大きな声で自分に向かって「止まれ！」を繰り返しましょう。

夏休みの自由研究を発表するオサム

今日はオサムが，夏休みにがんばった自由研究をクラスの前で発表する日です。

順番を待っている間ずっと，オサムの頭のなかには，役に立たない考えが繰り返し浮かんできていました。

「うまくいくわけがない」
「顔が真っ赤になって，頭が真っ白になったらどうしよう」
「みんなにじぃーっと見られるのは怖いな」

このように考えてばかりいたオサムは，だんだんと強い不安を感じるようになりました。そこで，考えを止める方法を使うことにしました。オサ

ムは，心のなかで強くはっきり，「**止まれ！**」と自分自身に対していいました。そのあとすぐ，自分の考えに挑戦していることを意識しながら，自分に向かって，はげましの言葉を語りかけました。

> 「みんなの前で発表するのはそんなに簡単なことじゃない。でも，やり遂げたいんだ。顔が赤くなったってかまうもんか，きっと先生が助けてくれる」

このように自分をはげますことを数回繰り返すと，ずいぶん気持ちが落ち着いてきました。

ヒントを一言

考えるのを止める方法を使うと，自動的に頭のなかに浮かんでくる役に立たない考えをきくのをやめることができる。役に立たない考えを止めよう。そして，どのようにすれば，うまく対処して，よい結果を出せるかを考えよう。

考えの強さを弱くする

オーディオプレイヤーを想像する方法もあります。自分の頭のなかに，役に立たない考えを再生し，それを流しつづけるオーディオプレイヤーがあると想像してください。そして，そのオーディオプレイヤーがどのようなものなのかをできるだけくわしく思い浮かべてください。

▶ それは，どのような形をしている？

▶ どのくらいの大きさで，何色をしている？

▶ どこに操作ボタンがある？

▶ どのようにすると，曲を再生できる？　どのようにすると停止できる？

▶ どのようにすると，音の大きさを変えることができる？

オーディオプレイヤーに注目すればするほど，頭のなかにあると想像したオーディオプレイヤーのイメージがハッキリしてきます。イメージがハッキリと浮かんできたら，次のようにしてその設定を変えてみましょう。

▶ 音の大きさを強くしてみよう。音がだんだん大きくなっていくのに注目する。

dedMazay/Alamy Stock Photo

160

▶ 音の大きさを弱くしてみよう。音がだんだん小さくなっていくのに注目する。

▶ スイッチを切ると，音が消えて静かになることに注目する。

▶ スイッチを入れると，再び音が流れはじめることに注目する。

　頭のなかで想像しているオーディオプレイヤーを操作して，音の大きさを変える練習をしましょう。練習をすればするほど，簡単に音をコントロールできるようになっていきます。

役に立たない考えが浮かんできているのに気づいたなら，頭のなかにオーディオプレイヤーをイメージしましょう。そして音を小さくして，その考えの強さを弱めましょう。また，スイッチを切って考えを消してしまいましょう。

心配タイムを作る

　心配ばかりして時間が過ぎていませんか？　その場合は，あえて心配タイムを作るという手があります。心配してしまうときにそのまま心配するのではなくて，たとえば毎日15分心配タイム（例：午後5時から5時15分まで）を作るのです。つまり，この15分は思いっきり心配するのです。どんなことを心配してもかまいません。

▶ 日中，もし心配事が出てきたら，ひとまず，その心配事をメモしておき，心配ではなく，別の何かに気持ちを向けてください。

▶ 心配タイムになったら，心配事を書いたメモを見てください。そして，メモの内容を整理します。

▶ 心配タイムになってメモ書きを見てみると，もうすでに心配ではなくなっていることもあるかもしれません。それ程強く悩まなくてもよくなっているものもあるかもしれません。

▶ 心配タイムになってメモ書きを見たとき，やはり，今もどうしても心配せずにいられないこともあるかもしれません。そういう心配には，実際に解決する方法もあるかもしれません。その場合，第15章の問題を解決する方法が糸口になるでしょう。

▶ その他にメモ書きの心配事のなかには，「もしこうだったらどうしよう」と今は実際にそうなっていないのに心配する，頭のなかで作り出

している単なるイメージの心配もあります。実際に起きていないことなのだから，今は何もできません。この先どうなるかということは必ずしもわかるわけではありません。そのことを受け入れて，今，実際起きていることを楽しみましょう。

ヒントを一言

毎日心配タイムを作っておけば心配する時間を減らすことができる。心配ばかりして1日が過ごす必要はないことに気づこう。

考えが本当なのか試してみる

あなたの考えていることは，本当に正しいのでしょうか。自分の考えを変えるためには，その考えが正しいものかどうかを調べてみることが役立ちます。自分の考えが正しいのかどうかを調べるためには，考えたことが実際に起きるのかどうかを試す実験をしてみるとよいでしょう。あなたが悪いことばかりを予測する考え方をしている場合に，この方法は特に役立ちます。

ユリの成績

ユリは，「学校では，どの科目もダメな成績しか取れない」と思いこんでいました。「自分は宿題を間違ってばかりいる」と考えていたのです。この考えが本当に正しいのかを調べるために，ユリは先生が出した10個の宿題の結果を書き出してみました。

心の中心にある「思いこみ」：自分は，頭が悪い。

自動思考：わたしは，宿題が苦手だ。宿題はダメな成績しか取れない。

予測を確かめる実験：先生が出した10個の宿題の結果

結果の予測（わたしの予想）：どの宿題でも悪い点を取る（60点以下）。

実際の結果

1. 国語30点。もっとたくさん書き取りをしましょう。答えていない問題があります。答えを書いたかどうか，しっかり確認しましょう。

2. 数学70点。よくできました。がんばりましたね。

3. 数学70点。よくできています。そのままがんばって。

4. 国語40点。ちゃんと答えを書きましょう。答えていない問題があります。

5. 地理60点。しっかりと地図が描けています。

6. 美術90点。とてもよくできています。すばらしい。

7. 国語20点。先生のところに来てください。これは，よくないですね。

8. 歴史50点。もう少しがんばりましょう。あなたなら，もっとできるはずです。

9. 数学80点。よくできました。

10. 国語40点。漢字の間違いに気をつけましょう。字をきれいに書きましょう。

　この実験によって，ユリは，国語については成績がよくないことが明らかとなりました。たしかに国語については，予測どおりに悪い点数でしたし，答えていない問題があることもわかりました。また，歴史についても，先生は「もっとがんばれば成績が上がる」と意見を書いています。しかし，数学，美術，地理の5つの宿題は，とてもよい成績でした。

　この実験から，ユリは宿題について，事実に合っていない，誤った考え方をしていることが明らかとなりました。そして，考え方をどのように変えたらよいのかもわかってきました。

頭のなかを空っぽにしてみよう

　あなたが考えていることは，あなたの頭のなかで起きていることです。いろいろと考えていても，外からは誰もそれを直接に知ることはできません。

▶ 誰も，あなたの頭のなかに浮かんでいる考えを直接きくことはできない。

▶ 誰も，あなたの頭のなかに浮かんでいる考えを直接調べることはできない。

　考えるのを止めて頭のなかを空っぽにしてみるのもよいでしょう。あなたには，くよくよ考えていることがあるかもしれません。しかし，ここで思い切って，そのような考えを捨ててみませんか。

　「自分はダメだ」と考え，くよくよしていたとします。そんなときは，1日の終わりに，その考えを1枚の紙に書き出しましょう。パソコンで作成

Ruslan Gilyazov/123RF

してもよいでしょう。思いつくことを全部考えて，それをメモしてみます。書き終えたら，その紙をクシャクシャに丸めて，ゴミ箱に投げ捨ててしまいましょう。パソコンの場合は，削除キーを押します。さっぱりしますよ。

忘れないで！

▶ 役に立たない考えをコントロールしたり，見直したりする方法は，いろいろあります。

▶ 自分の考えを変えるためには，いろいろな方法を組み合わせて使う必要があります。

▶ 選んだ方法が，いつも役立つというわけではありません。

▶ けれども，練習すれば練習するほど，どんどん上手になります。だからあきらめないようにしましょう。

考えていることが本当なのか調べる

　あなたは悪いことばかりを予測する考え方にはまってしまうことはありませんか？　そのような場合，あなたが考えていることが本当なのか調べましょう。あなたが予測した悪いことが実際に起きるかどうか調べます。

---

1. あなたには，どのような否定的な考えがよく浮かびますか？

2. あなたは，その否定的な考えをどのくらい本当だと信じていますか？　第12章の「考え方」温度計を用いて，測ってみましょう。

3. その考えが本当かどうかを調べるためには，どのような実験をしたらよいでしょうか？

4. いつ，実験をしますか？

5. その考えが本当だとしたら，どのようなことが起きると予想しますか？

6. どのようなことが実際に起こりましたか？

7. 実際に起きたことを確認したのち，その考えをどれくらい本当だと信じていますか？　もう一度，「考え方」温度計を用いて測ってみましょう。

自分の考えを見直してみよう

考え太くんの助けを借りて役に立たない否定的な考えを探しましょう。

よく考える役に立たない考えは, ＿＿＿＿＿＿＿＿＿＿＿

＿＿＿＿＿＿＿＿ です。

今度は,「自分はダメだ」と考える理由を探してみましょう。そのように考える証拠は, ありますか？　それは, 本当に正しい考えでしょうか？　バランスの取れた考えをしましょう。では, 次の文章も完成させてください。

バランスの取れた考えをするならば, ＿＿＿＿＿＿＿＿＿

＿＿＿＿＿＿＿＿ です。

役に立たない考えをしていることに気がついたならば,
1. 「止まれ！」と自分にいいきかせましょう。
2. バランスの取れた考えを, 2, 3回繰り返しいってみましょう。それによって役に立たない考えが弱くなるでしょう。

役に立たない考えを止めよう。
見直しをしてそれとは違う, 新しい考えを見つけよう。

よいところを探してみよう

　わたしたちは，自分が間違ったり，失敗したりしたことばかりを気にする傾向があります。逆に，自分が成功したことやがんばったことに気づかず，見過ごしてしまいがちです。そこで，1日の終わりに，その日に起きた出来事のなかで，あなたが「よかった」と感じたことを三つ思い出しましょう。どのようなことだったか，次の質問にそって答えてください。

▶ 自分について，「よいところだ」と思えたことは，ありましたか？　それは，どのようなことですか？

▶ あなたがやったこと，やりとげたことについて，「自分はよくやった」と思うことは，どのようなことでしょうか？

▶ やってみて，気持ちよくなったり，スッキリしたことはありましたか？

▶ ほかの人がいったことで，嬉しかったことはありましたか？

　1日に三つ，よかったことを書いてみましょう。もし自分で思いつかなかったら，おうちの人や友だちに手伝ってもらいましょう。

よかった出来事

書いたことが増えていくのを見ることで，
実際によいことが起きていることに気づくでしょう。

自分をほめる言葉

　わたしたちは，毎日さまざまなことをがんばってやりとげています。しかし，「よくやった」と自分をほめることは，あまりしないものです。逆に，失敗したり，間違ったりしたことは，くよくよと何回も考えます。「自分をほめる言葉」は，うまくいっていることを注意深く見つけます。

　慣れていないと最初のうちは難しく感じるでしょう。でも大丈夫です。うまくいっていることに注意を向けるようにしていくうちに，わざわざ注意を向けなくても自然とできるようになってきます。

役に立たない考えをいくつか書き出しましょう。

うまくいっていること，よい結果を出すのに役立ちそうなことを探し，書き出しましょう。

では，自分をほめるとしたら，自分になんといいますか？

**自分が「よくやっている」と思えることや
「うまくいっている」ことに注意を向けて自分をほめよう。**

自分をはげます言葉

わたしたちの頭に浮かんでくる考えのなかには，役に立たないどころか害になるものもあります。実際，心配を増やし，いっそう不安な気持ちを強める考えもあります。そうした考えにとらわれると，わたしたちは，自分は何か失敗する，悪いことが起きるだろうと考えるようになります。そのような考えに気づき，代わりに，自分をはげます言葉を自分にかけると，ずいぶんと気が楽になるでしょう。

あなたは，どのような出来事が起きたときに，不安になったりイヤな気持ちになりますか？　そのようなときに，あなたの頭のなかには，どのような考えが浮かんできているでしょうか？　それを書き出しましょう。絵を描いてもいいです。それができたら，その考えとは違うことを考えるために，自分をはげます言葉を自分にかけましょう。

自分が不安になったり心配になったりする出来事を書いてください。

そのような状況でどのようなことを考えて不安になりますか？

では，自分をはげまして，うまく対処するために，どのような言葉を自分にかけてみますか？

**次にその状況になったら，
自分をはげます言葉を使って，気持ちを楽にしましょう。**

心配事を
金庫にあずけてしまおう

　心配なことがあると，頭のなかに不安な考えが次から次へとわいてきます。そうした心配を止めたり，不安な考えを追い払ったりするのは，とても難しいこともあります。

　そのような場合，頭を空っぽにするとよいでしょう。その不安な考えを紙に書き出し，それを金庫のなかに入れ，カギをかけて閉じこめてしまいましょう。

▶ まず，いらなくなった箱を見つけます。その箱をあなたの心配事を入れる金庫にします。箱に色や模様をつけて自分のお気に入りの箱にしてください。そして，それを置く場所を決めましょう。

▶ 心配や不安を止めることができないと感じたら，紙を見つけて，そのとき考えていたことをその紙に書き出してみましょう。

▶ 書き終えたら，それを金庫に入れて，カギをかけましょう。

▶ 週末に金庫を開け，そこにしまってあった心配事について，お母さんやお父さん，あるいは信頼している友人などに相談してみましょう。

　　　心配事は，一度金庫にしまってしまえば，
　　　もう気にしないでよくなります。

dedMazay/Shutterstock

オーディオプレイヤーを
止めてみよう

何度も何度も同じ心配なことや役に立たない考えが繰り返し頭のなかに浮かんでくることがあります。それはまるで，頭のなかで再生されているオーディオプレイヤーをきいているようです。

▶ そのオーディオプレイヤーは何度も同じ曲を繰り返します。

▶ その曲が他の曲に変えられることはありません。

▶ このような場合，オーディオプレイヤーを止めたり音を小さくする方法を学ぶとよいでしょう。

ステップ1：あなたのオーディオプレイヤーを想像しましょう。

▶ 頭のなかでどんなオーディオプレイヤーか思い描いてください。

▶ 実際のオーディオプレイヤーを見ると，しっかりとしたイメージができるかもしれません。

▶ 実際のオーディオプレイヤーをよく見て，どうしたらスイッチを入れたり，切ったりできるか，どうしたら曲を変えられるか，音量を変えられるかを観察しましょう。

ステップ2：オーディオプレイヤーを止めるところを想像しましょう。

▶ イメージしたオーディオプレイヤーのスイッチを切るところを想像しましょう。

▶ スイッチを切ることにしっかり集中して，そのボタンを押すと，今まで流れていた役に立たない考えが止まる様子に注目しましょう。

▶ オーディオプレイヤーのスイッチを入れたり切ったりする練習をしましょう。そして，スイッチを切ることによって，否定的な考えが止まる様子に注目しましょう。

**練習すればするほど，
簡単にできるようになることを，忘れないでください。**

心配タイムを作る

　1日中，心配しつづけるのをやめるために，毎日決まった時刻に，思い切り心配してもいい心配タイムを作りましょう。

　そのために，まずは「心配メモ」の部分に今日1日のなかで心配になったことを書いておきましょう。

心配メモ

　心配タイムになりました。「心配メモ」に書いた心配リストを見て，今だったらどうにか方法がありそうなこと，やはりどうにもできそうにないことを，下に書いてみましょう。

今だったらどうにかできるかもしれない心配事。その方法を「心配メモ」に書いてある心配なことの横に書こう。

今考えてもどうにもできそうにない心配は，「心配タイム」になったら，その間だけ思いっきり心配しよう。

どうにかできるかもしれない心配事は，解決するために考えた方法をやってみよう。
どうにもできそうにない心配事は「心配しないようにする」のではなくて
「心配タイム」のなかで心配するようにしてコントロールしよう。

うまくいくための練習をしよう

わたしたちは，新しいことや難しいことに取り組む場合，「うまくいかない」と思うことがよくあります。わたしたちは，失敗することを予想したり，ダメな方向に進むことを心配したりするのがとても得意です。

ところが，そのように考えると，ますます不安になり気が重くなって，新しいことや難しいことに取り組もうという気持ちがなくなってしまいます。

そのような場合，取り組もうとしている課題を思い描き，どのようなことが起きるかを想像しましょう。ただし，そのとき，最後にはうまくいっている状況を想像します。

ステップ1：取り組むことを思い描いてみましょう。

あなたは，何に取り組もうとしていますか？　できるだけ具体的にイメージしましょう。そのためには次のことを考えてみるとよいでしょう。

▶ そこには，誰がいますか？

▶ それは，何時ごろのことですか？

▶ あなたは，どのような服を着ていますか？

▶ その場面に，どのような色やにおいがあり，どのような音がきこえてきますか？

ステップ2：自分が取り組んでいることを自分自身に説明してみましょう。

次に，うまくいっている状況を想像しながら，どのようなことが起こるかについて考えましょう。そして，そこで起きることを自分自身に説明するようにしましょう。

▶ あなたは，そこでどのようなことをするでしょうか？

▶ あなたは，なんというでしょうか？

▶ 他の人びとは，どのようなことをするでしょうか？

▶ その人たちは，なんというでしょうか？

▶ 結局，そこでどのようなことが起こるでしょうか？

2，3回練習すれば，しっかり覚悟ができるでしょう。
そして，「難しいかもしれないけれど，うまくいくだろう」と
思えるようになるでしょう。

考えを止める

　同じ役に立たない考えが浮かんできて，それが頭の中でグルグルと回るように繰り返し出てくることがあります。そのような考えを気にすれば気にするほど，次のようなことが起きてきます。

▶ その考えをますます正しいものと信じるようになる。

▶ その考えが正しいことを証明するような事実ばかりを探すようになる。

　その考えが本当に事実に基づいた正しいことかどうかを調べてみると，実際には，ものごとの否定的なところしか見ていない，偏った考えであることに気づきます。したがって，そのような偏った考えを止めることが重要です。

　そのために役に立つ方法の一つとして，手首にゴムをつける方法があります。

　役に立たない考えが繰り返し頭のなかに浮かんできているのに気がついたら，手首のゴムひもを引っぱって離してみましょう。

**　ゴムをパチンとやると，少し痛いでしょうが，
たぶん，その考えから意識をそらすことはできるでしょう。**

◀第12章▶ 自分の気持ちに気づく

　あなたは毎日，いろいろな感情を自分の気持ちとして感じていることに気づいていると思います。たとえば，次のような経験があるでしょう。

▶ 朝，目がさめたときに学校へ行くことを考えて，**不安な気持ち**になる。

▶ 登校の途中で，友だちと話していて**楽しい気分**になる。

▶ 友だちがDVDを貸してくれるといったのに，それを忘れてきたので，**腹が立った**。

▶ 宿題がなかなか終わらないので，**イライラしてきた**。

▶ テレビを観ていて，**のんびりした気持ち**になった。

　どうでしょうか。自分が感じたことのある気持ちや気分を思い出すことができたでしょうか。では次に，感情や気持ちの特徴を見てみましょう。

▶ 感情や気持ちのなかには，**短い時間しかつづかない**ものがある。

▶ 逆に，**長い期間つづく**感情や気持ちもある。

▶ 本人が気づくことができないくらい，**弱い**感情や気持ちがある。

▶ 逆に，あまりに**強すぎて**，圧倒されてしまうような感情や気持ちもある。

自分自身がどのような気持ちを感じているのかを探ってみましょう。これは，かなり難しい作業です。それは，次のような理由からです。

▶ 自分の気持ちに気づきにくくなることがあるから。

▶ 実際には，さまざまな気持ちを感じているのに，まさかそんないいろいろな気持ちが混じっていると気づかないから。

そこで，自分の気持ちに気づくためには，**気分ちゃん**の助けが必要となります。**気分ちゃん**は，次のような質問をして，あなたが自分の気持ちに気づくのを手助けしてくれます。

▶ 今，どんな気持ちを感じているの？

▶ 感じている気持ちのなかで，いちばん強い感情は，どんなものかな？

▶ その気持ちは，特にどんな場面で感じることが多いの？

▶ そういう気持ちになっているとき，どんなことを考えているの？

今，自分は，どんな気持ちを感じているのか？

　今自分がどんな気持ちを感じているのかに気づけるようになることは，とても重要です。なぜならば，自分の気持ちに気づくことは，自分の感情をコントロールするのに役立つからです。たとえば，「呼吸を整える練習」をすることは，感情をコントロールするのに役立ちます。ただし，「不安」や「心配」といった感情のコントロールには効果的なのですが，「悲しい」という感情をコントロールするのには役立ちません。したがって，今どんな気持ちを感じているのかをハッキリさせることが重要となるのです。

　わたしたちは，誰でもイヤな気持ちになることがあります。そのなかでももっとも強く，しかもしばしば経験するイヤな感情は，「緊張感」「落ちこみ」「怒り」です。

緊張感

Phon Promwisate/Shutterstock

　息が詰まるような「緊張感」を覚えると，身体にさまざまな変化が表れます。緊張感がどのように身体に表れるかは，人それぞれです。しかし，多くの場合は，次のような状態が含まれます。

▶ はき気がする

▶ ドキドキする

▶ 息切れがする

▶ 汗が出る

▶ 足がだるく，重い感じがする。足に力が入らない

▶ 顔が赤くなる。顔が火照る

▶ 頭がふらふらする

▶ 気が遠くなる。気を失いそうになる

▶ 肩がこる。筋肉が痛む

▶ 頭のなかが真っ白になる。何も考えられなくなる

▶ 何かを決めることができなくなる

落ちこみ

　誰でも，悲しい気持ちになることはあります。場合によって，そのような悲しい気持ちが長いことつづき，いつでもどこでも沈んだ気持ちになってしまうことがあります。それが，「抑うつ」と呼ばれる「落ちこんだ」状態です。気持ちが落ちこむと，次のようなことが起きてきます。

▶ よく涙ぐむ

▶ 理由もなく泣く。ちょっとしたことで泣く

▶ 朝，早く目がさめる

▶ 夜，なかなか寝つけない

▶ いつも疲れていると感じる。やる気が起きない

▶ 食べることで気をまぎらわす。逆に食欲がなくなる

▶ 気持ちを集中することができなくなる。ボーとしてしまう

▶ 今まで楽しかったことが楽しくなくなる。ものごとに興味がなくなり，無関心になる

▶ 外出をしなくなる

　落ちこみは，非常に強い身体の変化を引き起こすことがあります。そのため，「自分は病気ではないのか」「身体のどこかが悪いのではないか」と考える人もいます。そのように考えて，行動するのを避けたり，止めたりするようになる場合もあります。たとえば，次のようなことも起きるでしょう。

▶ 「気持ちが悪いし，熱っぽいし，学校に行くのは，無理！」

　落ちこみがひどくなると，さまざまな身体の変化が起きることはあります。しかし，それは，病気の症状とは限りません。むしろ，なんでも「ダメだ」とみなす考え方によって，身体の変化を大げさに考え，病気の症状とみなしてしまうのです。したがって，それが実際の病気の症状かどうかハッキリしない場合には，お医者さんに相談したほうがよいでしょう。

怒り

　怒りは，誰でも普通に感じる感情です。それは次に示すように，いろいろな形で表現されます。

▶ 大声を出す。怒鳴る。わめく。叫ぶ

▶ ののしる。おどす

▶ 物を投げる

▶ 物を壊す

▶ ドアを強く閉める

▶ たたく，ける，ケンカする

▶ 自分を傷つけようとする

気持ちと行動

　わたしたちが自分の気持ちとして経験する感情は，何もない状況で突然に生じるものではありません。普通は，なんらかの引き金があって，感情がわいてきて，それを気持ちとして感じるのです。どのような感情がわいてくるかは，考えたことや行動したことと関係しています。つまり，感情は，考えや行動の影響を受けているのです。

　したがって，わたしたちが感じる感情は**時と場所**によって異なってくるのです。**気分ちゃん**はそのことに関連して，あなたに次のような質問をしています。

▶ 学校にいるとき，**不安な**気持ちになることはないかな？

▶ 家にいてリラックスしているときは，**安心した**気持ちになることはないかな？

▶ 街のなかで，**心配な**気持ちになることはないかな？

　そのとき**何をしているのか**によっても，気持ちは変わってきます。あなたは，次のようなときには，どのような気持ちになるでしょうか。次の**気分ちゃん**の質問に答えてみましょう。

▶ テレビを観ているときは，どんな気持ちになっているの？　**おだやかな**気持ちかな？

▶ 人と話をしているとき，どんな気持ちかな？　**不安な**気持ちかな？

▶ 算数の勉強をしているときは，どんな気持ちかな？　**楽しい**気持ちかな？

▶ 運動をしているときは，どんな気持ちかな？　**がんばるぞ！**という気持ちかな？

　また，誰と一緒にいるのかによっても，気持ちは変わってきます。あなたは次のようなとき，どんな気持ちになるでしょうか。次の**気分ちゃん**の質問に答えてみましょう。

▶ お父さんといるときは，どんな気持ちかな？　**怒りの**気持ちかな？

▶ 大好きな友だちといるときは，どんな気持ちかな？　何があっても大丈夫という，**安心した**気持ちかな？

▶ 学校の先生といるときは，どんな気持ちかな？　**楽しい**気持ちかな？

▶ きょうだいといるときは，どんな気持ちかな？　**イライラした**気持ちかな？

気持ちと考え方

　どのような考え方をするのかによっても，自分の気持ちは変わってきます。あなたは，次のような考え方をした場合，どのような気持ちになるでしょうか。次の**気分ちゃん**の質問に答えてみましょう。

▶ 自分には友だちが誰もいないと**考えたとしたら**，どんな気持ちになるかな？　**悲しい気持ち**になるかな？

▶ 自分が人からきらわれていると**考えたとしたら**，どんな気持ちになるかな？　**困ったなという気持ち**になるかな？

▶ 宿題がうまくできたと**思えたときには**，どんな気持ちになるかな？　**嬉しい気持ち**になるかな？

行動，気持ち，考え方

これまで見てきたことを全体としてまとめてみると，気持ち，行動，考え方の関係には，一つのパターンがあることがわかってきます。あなたは，このことに気づきましたか？

何をしたか （行動）	どんな気持ちになったか （感情）	何を考えたか （考え）
家に一人でいる	悲しい	友だちがいない
友だちと外出する	楽しい	わたしたちは仲良しだ
学校へ行く	緊張する	勉強についていけない
服を買う	腹が立つ	自分に似合う服がない
風呂に入る	ほっとする，落ち着く	お風呂は気持ちいいな

忘れないで！

▶ わたしたちがどのような気持ちになるのかは，どのような行動をするのか，どのような考えをするのかによって左右されます。

▶ あなたは，いろいろな感情を，自分の気持ちとして感じています。どのような感情を感じているのかを探ってみましょう。

▶ もっとも強く感じる感情はどのようなものでしょうか？　その感情は何かの行動や考えとつながっているのかを調べてみましょう。

考えと気持ち

あなたは，どのようなことを考えると楽しい気持ちになりますか。逆に何を考えるとイヤな気持ちになりますか。それぞれ三つずつ書きましょう。

楽しい気持ちになる考え

1.

pacpumi/123RF

2.

3.

イヤな気持ちになる考え

1.

Teguh Mujiono/Shutterstock

2.

3.

行動と気持ち

あなたは，どのようなことをすると楽しくなり，どのようなことをするとイヤな気持ちになりますか？　それぞれ三つずつ書きましょう。

楽しい気持ちになる行動

1.

2.

3.

イヤな気持ちになる行動

1.

2.

3.

気持ちを表現してみよう

　次に示したのは，気分ちゃんが選んだ「気持ち」を表す言葉です。誰もが，このような気持ちを感じたことはあると思います。

　そこで，つぎの言葉で示される気持ちを感じたとき，あなたはどんな表情やジェスチャーをするでしょうか。身体を使って表現してみましょう。

楽しい	怒った	恐ろしい	怖い
不愉快な	緊張した	不安な	イヤな
心配な	苦しい	悲しい	イライラした
落ちこんだ	穏やかな	つらい	興奮した
ほっとした	申しわけない	はずかしい	落ち着かない
おびえた	ドキドキする	傷ついた	混乱した
動揺した	頭にきた		

あなたがもっともよく感じる気持ちはどれですか？

感情と状況

わたしたちが感じる気持ちは，時と場所によって異なってくるものです。
あなたは，どんな場所でどんな気持ちを感じるのでしょうか。
　つながりのある状況と気持ちをそれぞれ，違う色の線で結んでみましょう。

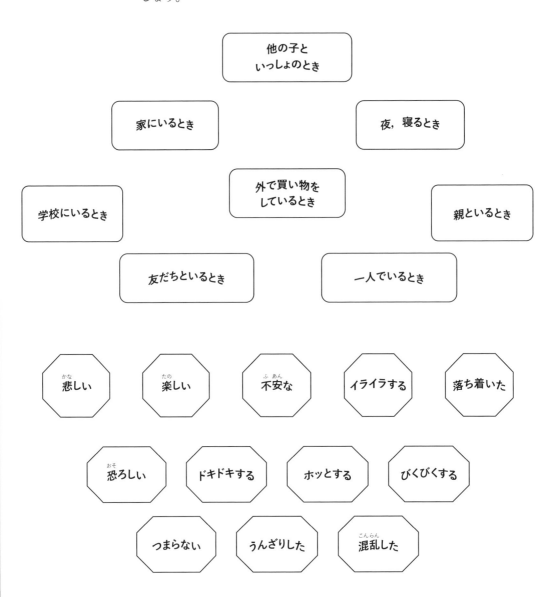

他の子と
いっしょのとき

家にいるとき

夜，寝るとき

外で買い物を
しているとき

学校にいるとき

親といるとき

友だちといるとき

一人でいるとき

悲しい

楽しい

不安な

イライラする

落ち着いた

恐ろしい

ドキドキする

ホッとする

びくびくする

つまらない

うんざりした

混乱した

自分の気持ち

あなたは，楽しい気持ちになることも，イヤな気持ちになることもあるでしょう。自分が感じるいろいろな気持ちを，文字で書いても絵で描いてよいので，表現してみましょう。

▶ それぞれの気持ちにあう色エンピツを選びましょう（たとえば，幸せな気持ちには赤，悲しい気持ちには青など）。

▶ 選んだ色を使って下の絵に色をぬり，自分の気持ちを表現しましょう。

▶ それぞれの気持ちがどの程度あるのかを示すように，身体の部分をぬりわけてみましょう。

あなたは，どんなときに，
悲しい気持ちになりますか？

あなたは，とても悲しい気持ちになったことがあるでしょう。それはどんなときでしたか？　思い出してみましょう。そのようなとき，周りの人は，どのようにして，あなたが悲しい気持ちになっていることに気がつくのでしょうか？

悲しい気持ちになっているとき，あなたは，どんな表情をしているでしょうか？

悲しい気持ちになっているとき，あなたは，どんな態度を取りますか？

悲しい気持ちになっているとき，あなたは，どんなことをするでしょうか？

あなたは，どのくらい，悲しい気持ちになるのでしょうか？　下のめもりに書き込んでみましょう。

まったくない　　　　　　　　　　　　　　　　　　　　　　　　　　　いつも悲しい

| 1 | 2 | 3 | 4 | 5 | 6 | 7 | 8 | 9 | 10 |

あなたは，どんなときに，怒りを感じますか？

あなたは，どんなときに腹が立ちますか？　怒るのはどんなときでしょうか？　とても腹が立ち，怒りを感じた出来事について思い出してください。そのようなとき，周りの人は，どのようにしてあなたが怒っていることに気がつくのでしょうか？

怒っているとき，あなたはどんな表情をしているでしょうか？

怒っているとき，あなたはどんな態度を取りますか？

怒っているとき，あなたはどんなことをするでしょうか？

あなたは，どのくらい怒ることがあるでしょうか？　下のめもりに書き込んでみましょう。

まったくない　　　　　　　　　　　　　　　　　　　　　　　いつも怒っている

| 1 | 2 | 3 | 4 | 5 | 6 | 7 | 8 | 9 | 10 |

あなたは，どんなときに，不安な気持ちになりますか？

あなたは不安な気持ちになったことがあるでしょう。それは，どんなときでしたか？　思い出してみましょう。そのようなとき，周りの人は，どのようにして，あなたが不安な気持ちになっていることに気がつくのでしょうか？

Phon Promwisate/Shutterstock

不安な気持ちになっているとき，あなたはどんな表情をしているでしょうか？

Leremy/Shutterstock

不安な気持ちになっているとき，あなたはどんな態度を取りますか？

danbailey/istock via Getty Images

不安な気持ちになっているとき，あなたはどんなことをするでしょうか？

あなたは，どのくらい不安な気持ちになるのでしょうか？　下のめもりに書き込んでみましょう。

まったくない　　　　　　　　　　　　　　　　　　　　　　　　　　　　　いつも不安

| 1 | 2 | 3 | 4 | 5 | 6 | 7 | 8 | 9 | 10 |

あなたは，どんなときに，
幸せな気持ちになりますか？

　あなたは幸せな気持ちになったことがあるでしょう。それは，どんなときでしたか？　思い出してみましょう。そんなとき，周りの人は，どのようにして，あなたが幸せな気持ちになっていることに気がつくのでしょうか？

幸せな気持ちになっているとき，あなたはどんな表情をしているでしょうか？

幸せな気持ちになっているとき，あなたはどんな態度を取りますか？

幸せな気持ちになっているとき，あなたはどんなことをするでしょうか？

あなたは，どのくらい幸せな気持ちになるのでしょうか？　下のめもりに書き込んでみましょう。

まったくない									いつも幸せ
1	2	3	4	5	6	7	8	9	10

どんなときに，
どんな気持ちになるかな？

あなたが感じるいろいろな「気持ち」を紙に書き出しましょう。

あなたは，毎日生活するなかで，どのような場所に行き，どのような人と会い，どのような活動をしていますか。リストを作りましょう。

そのようなリストには，次のような項目のいくつかが入ってくるでしょう。

1. お母さん

2. お父さん

3. おじいちゃん，おばあちゃん

4. 仲のよい友だち

5. 同級生

6. 学校

7. 家

8. クラブ活動／レジャーセンター

9. 読書／スポーツ／ゲーム

10. 夜，寝ること

11. テレビを観ること

12. 宿題などの勉強をすること

13. 新しい場所に行くこと

14. 学校へ行くこと

15. 友だちと一緒にいること

リストの各項目に関連して，あなたはどのような気持ちを感じるでしょうか？

あなたがもっとも楽しい気持ちになるのは，どのようなことにかかわっているときでしょうか？

あなたがもっともイヤな気持ちになるのは，どのようなことにかかわっているときでしょうか？

気持ちや考えの強さを測る温度計

この温度計を使ってあなたの気持ちや考えがどれくらい強いかを測ってみましょう。

10がとても強くて，1がとても弱いです。

10 とても強い

9

8

7 かなり強い

6

5

4 弱い

3

2

1 とても弱い

◀第13章▶ 自分の気持ちを コントロールする

気分ちゃんが教えてくれるように，わたしたちの気持ちは，時と場所によって異なってきます。時と場所によっては，とても強い感情を経験することがあります。たとえば，人が強い感情を感じるときや場所としては，次のような場合があります。

▶ **外出しようとすると，**とても**心配な気持ちになる**

▶ **家にいると，**安心できて，**心からホッとした気持ちになる**

▶ **人と一緒にいると，**とても**不安な気持ちになる**

▶ **一人でいると，気楽で本当に幸せな気持ちになる**

わたしたちは，楽しい気持ちになる場所や行動を好み，イヤな気持ちになる行動や場所を避けようとします。これは，当然のことといえます。なぜなら，1日の大半をイヤな気持ちで過ごしたいとは，誰も望まないからです。

ところが，自分がしたいと思うことであっても，強い気持ちが起きてくると，それをするのを止めたり，途中であきらめたりすることがあります。たとえば，次のような場合です。

▶ **外出したいと思っていても，**心配な気持ちがあまりにも強い場合には，**外出できないと感じる。**

▶ 友だちと一緒に**いたいのに，**不安な気持ちがあまりにも強い場合には，友だちに会うことが**できないと感じる。**

▶ 友だちに**電話をかけたいのに，**気持ちがひどく落ちこんでいる場合には，電話は**できないと感じる。**

このような気持ちのときには，自分がしたいと思っていることも，できなくなってしまいます。気持ちが行動の邪魔をしているのです。そこで，

自分の気持ちをコントロールできるようになれば，自分がしたいことが邪魔されなくなります。

ヒントを一言

イヤな気持ちになっているときは，気分がよくなることをしよう。

リラックスできるようになる

リラックスするためには，さまざまな方法があります。

たとえば，最初に筋肉を緊張させ，次に力を抜いてリラックスするといった，身体を使った練習方法があります。また，ホッとできるようなイメージを利用して，楽な気持ちになっていく方法もあります。リラックスするための方法を学ぶ上では，次のポイントに注意しましょう。

▶ リラックスする方法は，**一つではない**。

▶ 時と場合によって効果的な方法が**異なる**。

▶ **自分に合った方法**を見つけることが**重要**となる。

身体を使ったリラクセーション

この方法は，10分くらいで終わるものです。緊張したり，神経過敏になってピリピリした気持ちになったりしているときに，とても役立つ方法です。これは，身体の動きを利用します。身体の主要な筋肉を順に，5秒緊張させます。次に力を抜いて，緊張をゆるめていきます。

筋肉は，力が入って緊張しているときや，力を抜いて緊張がゆるんでいるときには，どのような感じになりますか。身体のある部分は，他の部分よりも強く緊張しているのがわかるかもしれません。特に緊張している部分を見つけてみましょう。

このように身体を緊張させ，その後に緊張をゆるめる動きを何回か繰り返してやってみましょう。それが終わるころには，完全にリラックスできるようになっています。このような身体の動きを寝る前にやるのもよいでしょう。実際，多くの人が，このリラクセーションの方法を寝る前にやって，効果をあげています。そのまま寝てしまってもかまいません。この方法は他の方法と同じで，練習すればするほど，速く上手にリラックスできるようになっていきます。

リラックスすることを学ぶための動画やCDもあります。そのなかからあなたが無理なくできる，自分に合ったものを一つ選んでみるといいでしょう。はじめる前に，次の注意点をおぼえておいてください。

> ▶ 温かくて静かな場所を選びましょう。
>
> ▶ 座り心地のよいイスに座るか，やわらかな床かベッドに横たわりましょう。
>
> ▶ 人に邪魔されることのない時間帯を選びましょう。
>
> ▶ 筋肉を緊張させる際，あまり強く力を入れすぎないようにしましょう。力が入っていると感じられる程度にします。
>
> ▶ およそ3〜5秒間，筋肉を順に緊張させ，そのあとに力を抜きましょう。
>
> ▶ 各筋肉は，それぞれ2回ずつ緊張させましょう。
>
> ▶ 筋肉を緊張させたあとは，その部分を動かさないようにしましょう。

Sam72/
Shutterstock

reLAXatIon

もし自分に合った動画やCDが見つからなかったら，次のような順序で身体を動かしてみましょう。

▶ まず，ゆっくり深呼吸を5回しましょう。鼻からゆっくり息を吸い，口からゆっくり息を吐き出します。

▶ では，足に意識を向けてください。つま先を丸めましょう。ぎゅっとすぼめたまま1から5まで数えてください。そして，力を抜きます。どんな感じがしますか？　力を入れているときと，力を抜いてゆるんでいるときの違いはありましたか？　もう1度，同じことをします。

▶ 次は足からひざまで。膝下全体に意識を向けます。つま先を膝のほうに向けてぐっと力を入れます。かかとを押し出し，膝下の筋肉に力を入れてください。1，2，3，4，5と数えて，力を抜きます。もう1回同じことをします。

▶ 次は太ももに意識を向けてください。太ももの裏側を椅子（座っている場合）か床（横になっている場合）に押しつけて力を入れます。1，2，3，4，5。では力を抜いてもう1回同じことをします。

▶ 次はおなかに意識を向けてください。おなかをへこませてください。おへそが背骨にくっつくくらいおなかに力を入れてください。1，2，

3，4，5。では力を抜いてください。もう1回します。

▶ 次は，腕と手に意識を向けてください。手をぎゅっと握って，にぎりこぶしを作ってください。そしてひじを肩の方に曲げて力を入れてください。1，2，3，4，5。では力を抜いてください。もう1回します。

▶ 次は背中に意識を向けてください。左右の肩甲骨をぐっと近づけてください。胸をひらき，肩は上がらないように下げたままで肩甲骨を近づけます。1，2，3，4，5。では力を抜いてください。力が入っているときと力が抜けているときの違いに気づきますか。もう1回します。

▶ 次は肩です。両肩をまっすぐ両耳に近づけるように引き上げて力を入れます。1，2，3，4，5。では力を抜いてもう1回同じことをします。

▶ 次はあごと首の後ろに意識を向けてください。歯をくいしばってください。そのままあごを胸に近づけます。下を向くような形です。1，2，3，4，5。では力を抜いてください。もう1回します。

▶ 最後に顔に意識を向けてください。両目をギュッとつぶって，口もギュッと閉じて顔をクシャクシャにしましょう。1，2，3，4，5。では力を抜いてください。もう1回します。

▶ 筋肉の力を抜くたびに，力が抜けていく感覚を味わいましょう。

▶ 呼吸に意識を戻して，リラックスしている感じを楽しみましょう。

このような身体を使ったリラクセーションを日常に取り入れましょう。寝る前にやると，寝つきがよくなったり，熟睡しやすくなるでしょう。

短時間でできる身体を使ったリラクセーション

ひとつひとつの筋肉に力を入れて抜くための時間が取れないときもあるでしょう。これから紹介するのは，短い時間でできる身体を使ったリラクセーションです。力を入れて抜くという方法は同じですが，短時間でするには，身体の一部分を細く分けずまとめてします。

▶ **腕と手**：こぶしをにぎってみましょう。そして，まっすぐ正面に腕を押し出しましょう。

▶ **脚と足**：つま先を下に向けた形で，そっと脚を上げ，脚を前面に伸ばしましょう。

▶ **腹**：背筋を伸ばしてみましょう。そして，息を吸ったまま止めましょう。

▶ 肩：肩をすくめましょう。

▶ 首：頭をイスの背中か床に押しつけましょう。

▶ 顔：顔をクシャクシャにして目を強くつぶり，くちびるをギュッと閉じましょう。

身体を使ったリラクセーションをする時間を毎日取りましょう。長くはかからないし，ゆったりした気分になることができるでしょう。

運動する

　運動することには，筋肉に力を入れてゆるめるのと同じ効果があると感じている人もいます。身体を動かすことが，筋肉を緊張させてゆるめるリラクセーションの手続きとまったく同じ働きをしているからです。

　たとえば，適度なランニング，ウォーキング，水泳は，怒りや不安を取り除くのに役立つ運動です。

あなたの場合，運動することは，リラクセーションとして役立っているでしょうか。もし役立っているならば，イヤな気持ちになったとき，リラクセーションの方法として特に役立ちます。

4-5-6 呼吸法を使う

　あなたは，突然緊張する場面に出くわしたり，怒りが急にわいてきたりしたという経験はありませんか？　そのようなときには，リラックスするために身体を動かす時間の余裕はありません。そこで役立つのが4-5-6呼吸法を使う方法です。

　呼吸を活用する方法は，自分自身の息づかいに注意を集中し，呼吸をコントロールしていく方法です。しかも，どのような場面でも短時間でできる方法です。実際にあなたがこの方法を試しても，周りの人びとはそれに気づかないことがほとんどです。

▶ 鼻からゆっくり息を吸いながら，1から**4**まで数えます。

▶ **5**秒間，息を止めます。

▶ 口からゆっくり息を吐き出しながら，1から**6**まで数えます。呼吸しながら，「力を抜いて……」と心のなかでいいましょう。

▶ これを，落ち着くまで，3，4回繰り返します。

ヒントを一言

4-5-6 呼吸法は，さっと簡単にどこでもできます。何をしているのか，人に気づかれることもありません。

心が落ち着く場所をイメージする

　ここでは，イメージを活用して，気持ちのよいリラックスした状態をもたらす方法を紹介します。この方法では，ホッとできて心地よく安心できる場所をイメージとして思い描きます。

　あなたは，どのような場所にいるときに，落ち着いた気持ちになるのでしょうか。そのような場所をイメージとして頭のなかに思い描いてみましょう。それは，以前に行ったことがある場所でもかまいません。また，想像のなかにしかない場所でもかまいません。はっきりとしたイメージをもつために，写真を見たり，その場所を絵に描いたりしてみましょう。その場所の景色をできるかぎり本物のように感じてみましょう。その景色のなかに次のものも想像してみましょう。

▶ **何が見える？**－空はどんな色？　岩はどんな形？　木の皮に模様はある？　それはどんな模様？

▶ **何がきこえる？**－海辺に打ち寄せる波の音がきこえる？　葉がふれあうサラサラという音がきこえる？

▶ **何か肌に感じる？**－髪をそっとなびかせる風を感じる？　顔に降り注ぐ暖かなひざしを感じる？

▶ **どんなにおいがする？**－海のにおいがする？　森のにおいがする？

▶ **味はある？**－アイスクリームが甘い？　海水が塩辛い？

日ごろから，あなた自身がリラックスできる場所を頭のなかで思い描く練習をしておきましょう。そして，イヤな気持ちを感じはじめたならば，その場所の景色を具体的にイメージするようにしましょう。心安らぐ景色に気持ちを集中させ，そうすることでリラックスできるかどうかを確認してみましょう。

息抜きになることをする

　あなたにとってどのようなことが息抜きでしょうか？　息抜きは，たいていの場合，リラックスできて楽しい気持になれるものです。たとえば，次のようなものは，息抜きといえます。

▶ 本や漫画を読むこと

▶ テレビを観ること

▶ 音楽をきくこと

▶ 愛犬と散歩すること

　もし，何かイヤな気持ちを感じたならば，息抜きをしてみましょう。これまでは，決まった時間にしか息抜きできないことになっていたかもしれませんが，次のようなときにも，ぜひやってみましょう。

▶ 明日のことを心配しながらも，何もせずにただ座っているなら，好きな本を読んでみましょう。

▶ イヤな気持ちで寝そべっているなら，テレビやビデオを観てみましょう。

▶ 眠ることができずにイライラして横になっているなら，好きな音楽をきいてみましょう。

▶ 腹が立ってきたら，犬を散歩に連れていってみましょう。

自分に合うものを見つけよう。不愉快な気分になったら，気持ちが晴れることをしてみよう。

イヤな気持ちが強くなる前に止める

　自分がイヤな気持ちになっているのに気づいた場合，それをなくしたいと思うものです。しかし，気づいたときには気持ちが強くなりすぎていて，もうコントロールできないと思ってしまいます。

　そこで，自分の気持ちに早く気づき，それが強くなりすぎる前に気持ちをコントロールできるようになることが大切です。

怒りっぽいジロー

　ジローは，カンシャクもちです。いつもイライラしており，一瞬にしてカーッとなって怒りはじめます。そして，いったん怒りに火がつくと，気持ちが静まるまで，とても時間がかかります。まるで火山のようです。

　そこでジローは，**気分ちゃん**の助けを借りて，自分の怒りの感情をコントロールするようにがんばってみることにしました。**気分ちゃん**は，ジローが怒りを感じたときに，その怒りが爆発するまで，どのような段階を踏むのかを一緒に絵に描くことにしました。その際，怒りの爆発を火山の噴火に似せて描くことにしました。それによって，どのようにして怒りが爆発するようになっていくのかを，ジローが理解できると考えたからです。

　ジローは，怒りが激しくなっていく段階を書き出してみて，どのようにして怒りが爆発するまでになったのかを理解できるようになりました。次の課題は，怒りが出てきた最初の段階で，それに気づいて，怒りが激しくなるのを**避けられるようになる**ことでした。そうすることで，怒りが爆発するのを防ぐことができるのです。

　ジローは，以前に怒りを爆発させたときのことを思い出しました。そして，怒りがだんだんと激しくなる過程をできるだけはっきりとイメージしました。しかし，今回は結末を変えました。

▶ ジローは怒りを爆発させる前に，怒りが**激しくなるのをさける**自分をイメージした。

▶ ジローは，からかわれて怒りを感じた場所から立ち去る自分を想像した。

▶ ジローは，自分をからかっている者ががっかりする顔を想像した。

▶ ジローは，自分に対して「よくやった」とほめている様子を想像した。

▶ ジローは，ほかの子どもが自分をあざけるのをきいても，冷静な気持ちでいられるように練習した。

ぶんなぐる

ののしる，顔が火照ってくる，
何も考えなくなる

こぶしをにぎる，歯をくいしばる，
相手をにらむ，おどす態度

わけがわからなくなる
自分が自分でないような感じ

"考え":「ウルサイ！。静かにしろ」「ぶんなぐるぞ」
興奮してきて，汗が出てくる

"考え":「アイツは，いつもオレをイラつかせようとしている」
普通のしゃべり方，落ち着いた気持ち

　　ジローは，毎日このような想像をして，冷静な気持ちでいる練習をしました。別のやり方で落ち着きを失なわないでいる練習もして，しっかり準備を整えました。その結果，次にからかわれたときには，怒りを爆発せずに上手に対応することができました。

忘れないで！

自分の気持ちをコントロールする方法はたくさんあります。

▶ 自分にあった方法を選びましょう。

▶ 失敗することもあります。そのことを忘れずに，簡単にあきらめないようにしましょう。

▶ 練習すればするほど，自分の気持ちを上手にコントロールできるようになります。

イヤな気持ちを閉じこめる部屋

　わたしたちは誰でも，イヤな気持ちになることがあります。そして，そのような気持ちがとても強くなった場合，自分でコントロールできなくなることがあります。そうなると，とてもイライラしたり，とても悲しくなったり，とても怖くなったりします。

　イヤな気持ちがとても強くなった場合には，その気持ちをどこか安全なところにしまってカギをかけておくという方法があります。安全なところにしまってしまえば，あなたは，そのような気持ちに邪魔されずに安心していられます。

▶ 箱を一つ見つけましょう。その箱に「イヤな気持ちの部屋」と名前をつけ，好きなように色をつけたり絵を描いたりして飾りつけをしましょう。

▶ とてもイヤな気持ちになったとき，紙を用意して，その気持ちをそこにかいてみましょう。文章で書いても絵で描いてもかまいません。

▶ そのような気持ちは，どのようなことをきっかけとして起きてきたのでしょうか。その原因を考えて，それも紙にかいてみましょう。これも，文章で書いても絵で描いてもかまいません。

▶ 書き終えたら，それを「イヤな気持ちの部屋」に入れ，そのイヤな気持ちを箱のなかにしまっておくことにしましょう。

▶ 週末になったら，その箱を開けて，しまってあった気持ちを取り出し，お母さんやお父さん，あるいは信頼できる人にその気持ちのことを話してみましょう。

「イヤな気持ちの部屋」を利用して，イヤな気持ちを一時しまってみることは，
気分転換に役立つでしょう。

怒りの火山

穏やかな気分のときに体はどんな感じなのか，腹を立てると，それがどんな感じになるのかについて，考えましょう。怒りが増大するにつれてどのような変化が生じるのか，自分で気づいたことを，下の火山に書きましょう。

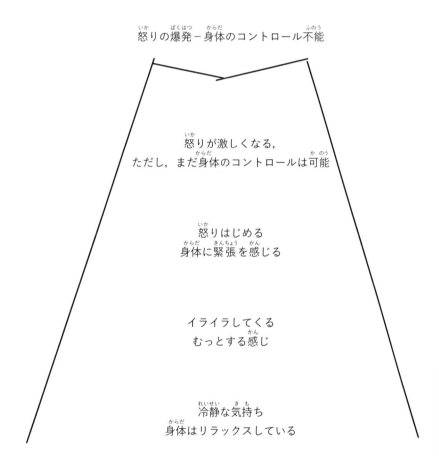

怒りの爆発－身体のコントロール不能

怒りが激しくなる，
ただし，まだ身体のコントロールは可能

怒りはじめる
身体に緊張を感じる

イライラしてくる
むっとする感じ

冷静な気持ち
身体はリラックスしている

**怒りの強さと身体の感じとの関係がわかることで
怒りをコントロールしやすくなります**

リラックスできるようになる

　子どもにとって、リラックスできるようになるのは楽しいことです。
　たとえば、「船長さんの命令」といったゲームを使ってリラックスする方法を学ぶことができます。このゲームでは、まず、リーダーが船長さんになり、「船長さんが命令しました」といって命令を出し、みんながその指示にしたがいます。「船長さんが命令しました」という言葉が入っていないのに指示にしたがった場合には、その人は負けです。このようなゲームを活用して、子どもが次の指示にしたがって、筋肉を伸ばし、緊張させ、ゆるめ、そしてリラックスできるようにしていきます。

1. （船長さんは）姿勢よく、背筋をのばして部屋の中を行進する（と命令しました）。

2. （船長さんは）足ぶみをする（と命令しました）。

3. （船長さんは）頭の上に腕をのばし、腕を木の枝のように揺する（と命令しました）。

4. （船長さんは）怖い怪物のように顔をゆがめる（と命令しました）。

5. （船長さんは）手が空にとどくように、できるだけ高く背のびする（と命令しました）。

6. （船長さんは）できるだけ小さくなるように、身体を丸める（と命令しました）。

　身体を動かすストレッチが終わったら、最後に気持ちを落ち着かせ、リラックスするように指示します。そして、身体の大きな動物になった気持ちになり、のっしのっしと部屋の中をゆっくりと歩きまわるように指示します。そのとき「できるだけ静かにゆっくりと動きましょう」と伝えます。最後に「さあ、今度はライオンになりましょう。ライオンは横になって眠っています」といって、床にじっとした状態で横たわり、2, 3分間そのまま静かにしているように伝えます。

心が落ち着く場所

　リラックスるためには，心が落ち着く場所の風景を想像することが役立ちます。想像する風景は以前に実際に行ったことがある場所でも，空想した場所でもかまいません。
　心が落ち着く場所を想像できるようになるのには，練習が必要です。練習すればするほど，簡単に風景を想像し，すばやくリラックス状態になれるようになります。

▶ 自分の心が落ち着く場所の絵を描くか，その場所の写真を見つけるかし，邪魔の入らない静かな時間を選びましょう。

▶ これから，あなたがリラックスできる場所を想像してもらいます。それは，実際に行ったことがあるところでも，空想したところでもかまいません。

▶ あなたは今，誰にも邪魔されずに一人で静かにしていることができます。

▶ 目を閉じて，風景を想像してみましょう。あなたはとても静かなところにいます。そこであなたは，ホッとした気持ちになっています。

▶ その場所は，どんなところでしょうか。まわりの風景は，どのようになっていますか。まわりの風景を見回して，くわしく観察しましょう。

▶ そこには，どのようなものがありますか。それは，どのような形をして，どのような色をしていますか。くわしく観察しましょう。

▶ 音を想像してみましょう。たとえば，波が砂浜に打ち上げる音，葉がふれあうサラサラという音，カモメの鳴き声などを想像しましょう。あなたの周りでは，どのような音がきこえますか。

▶ においについても想像してみましょう。たとえば，森のにおいや海のにおいを想像しましょう。あなたの周りでは，どのようなにおいがしますか。

▶ 顔に降り注ぐ暖かな日差しを想像してみましょう。

▶ このような風景を想像していると，だんだん気持ちが穏やかになっていきます。そのような気持ちの変化に注目してみましょう。

▶ 数分間，この感じを味わいましょう。

ストレスを感じている自分に気づいたら，
落ち着く風景を思い出してみましょう。

リラックスするために，
わたしがすること

あなたは，どのようなことをしていると，リラックスした気持ちになりますか。
そのような活動を，上の吹き出しのなかにかいてみましょう。
文章で書いても，絵で描いてもかまいません。

第14章

いつもと違う行動をしてみる

考え太くんの助けを借りて，否定的で役に立たない考え方があることがわかるようになりました。たとえば，わたしたちは，ものごとをうまくやれそうにないと考えたり，ものごとが悪い方向に進むだろうと予想したりします。前向きに考えることができなくなることもあります。

気分ちゃんは，否定的な役に立たない考えが，イヤな気持ちにつながることを教えてくれました。イヤな気持ちになると，わたしたちは気分をよくしようとします。

では，**やるよちゃん**に登場してもらいましょう。**やるよちゃん**は，わたしたちが気分をよくしようとすることが必ずしも役に立っていないことを教えてくれます。わたしたちは，たとえば次のような行動を取っていませんか？

▶ 難しいと思う状況を**避ける**。

▶ 安心できる場所に**引きこもる**。

▶ イヤな気持ちになることをするのを**やめる**。

このようにすることで，一時的にイヤな気持ちから逃れることはできるかもしれません。でも，時間が経てば，またイヤな気持ちが戻ってきます。行動を減らせば減らすほど，気分はますます落ちこんでいきます。何か新しいことをするには，それなりの努力が必要です。気分が落ちこめば落ちこむほど，努力をして新しいことに取り組もうという気持ちはなくなり，何もできなくなっていきます。ますます「自分はダメな人間だ」と考え，気分は沈みます。そうなると，「何もかもイヤだ」という気持ちが強くなります。

気持ちは，どんどん落ちこんでいきます。

そして，何もできなくなって，ますます引きこもり……

さらに，落ちこみが激しくなって……

どんどんイヤな気持ちが強くなる悪循環の罠から脱け出すためには，何か身体を動かして，活動してみましょう。そうすれば，コントロール力を取りもどすことができるようになります。

活動して暇を作らない

とにかく何か行動してみると，いろいろなことに気づくでしょう。次のように，動いてみてよかったと思えることはたくさんあります。

▶ 気分がスッキリする

何でもよいので，身体を動かして活動してみましょう。行動していれば，イヤな気持ちを感じている暇もありません。ましてや，「自分はダメだ」といったことを考えている暇もありません。そうすれば，気分はスッキリです。

▶ 自分がコントロールできているという感覚が戻る

役に立たない考えやイヤな気持ちに振りまわされないようになり，自分の生活をコントロールできるという意識が戻ってきて自分のしたいことができるようになります。

▶ 疲れを感じることが減る

変に思うかもしれませんが，何もしないでいるのは，実は非常に疲れます。何もしないでいると気力が失われ，疲れを感じやすくなるのです。逆に活発に行動すればするほど疲れを感じなくなります。

▶ **やる気が出てくる**

一番たいへんなのは，行動をはじめることです。しかし，いったん活動をはじめると自然とやる気が出てきます。行動というのは，やればやるほど楽しくなってくるものです。

▶ **しっかり考えられるようになる**

何もしないでいると，心理的にも身体的にもぼんやりしてきます。十分に考えることができなくなり，動きも鈍くなります。逆に，活動することで，ものごとをしっかりと考えられるようになります。

楽しみを増やす

何か活動をはじめることは，実は非常に難しいのです。そこで大切になるのが，興味がもてる活動からはじめることです。毎日でもやりたいと思う活動を増やすようにするとよいでしょう。

そうした活動のリストを作ってみましょう。リストのなかには，次のようなことを含めて作りましょう。

▶ 楽しめること

▶ したいと思うこと

▶ 以前は楽しんでいたのに，今はもうやめてしまったこと

CGinspiration/istock via Getty Images

お金をかける必要はありません。**人と関わる活動**もいいでしょう。たとえば，次のようなことです。

▶ きょうだいと買い物に行く

▶ 友だちと映画を観に行く

▶ 家族そろって食事をする

▶ 友だちと街をぶらぶらする

Rawpixel/istock via Getty Images

積極的に**体を動かす**こともお勧めです。たとえば，次のようなことです。

▶ ジョギング

▶ ダンス

▶ 水泳

CGinspiration/istock
via Getty Images

▶ 筋トレ

▶ 愛犬との散歩

▶ 寝室の片づけ

楽しむ活動なら，次のようなことでしょうか。

▶ ゲームをする

▶ 料理をする

▶ 音楽をきく

▶ 本や漫画を読む

▶ DVDを観る

CGinspiration/istock
via Getty Images

達成感や自信がつく活動には，次のようなものがあるでしょう。

▶ 絵を描く

▶ 楽器を演奏する

▶ 自転車の修理をする

▶ 洋服の整理をする

▶ ジグソーパズルを完成する

　次にそのリストから，一つか二つ，自分が毎週やりたい活動を選んでみましょう。そして，その活動の目標を決めましょう。急がなくてもよいので，そのような活動を生活のなかに少しずつ組み入れていきましょう。1週間に1回でも，その活動をつづけるようにしてみましょう。

　けっしてがんばりすぎないでください。よい結果を出すことが一番大切です。そのためには，目標をあまり大きくせず，できそうな目標にしましょう。たとえば，ギターを1時間練習するのではなく，1回5分程度にするとちょうどいい目標でしょう。

　以前に楽しんでいた活動でも，再びやりはじめたときに，すぐに楽しいと感じないことがあります。以前と同じくらい楽しく感じられるまでには，時間がかかることがありますから，焦らないようにしましょう。

dumayne/istock via Getty Images

「まだ，〜ができていない」と考えるのは止めましょう。そうではなく，「これまで〜ができた」と，達成できたことを考え，そんな自分をほめるようにしましょう。

自分の気持ちと行動のパターンを調べてみよう

　自分の気持ちの動きを振り返ってみましょう。そうすると，1日のうちの，この時間帯はいつも楽しい気持ちになるとか，この時間帯はいつもイヤな気持ちになるといったパターンがあることに気づくでしょう。また，1週間のうち，この曜日にはいつも楽しい気持ちになり，この曜日はイヤな気持ちになるということにも気がつくでしょう。

　このように自分の気持ちの動きを探って，自分のパターンを見つけ出してみましょう。そのようなパターンを知ることは，自分をコントロールするのに役立ちます。

　自分自身の気持ちの動きを知るためには，日記をつけるとよいでしょう。

▶ 何をしていて，そのときどのような気持ちを感じているのかを，1時間おきに書き出してみましょう。そして，第12章の温度計を利用して，その気持ちの強さを測って記録しましょう。

▶ 週末に1週間分の日記を見直してみましょう。そのとき，特に楽しい気持ちになったのはいつなのか，イヤな気持ちになったのはいつなのかを探してみましょう。あなたには，1週間のうち，決まって気分がよくなったり，逆に気分が沈んだりするときがあるでしょうか。さらに，どのようなことをすると気持ちが変化するのかも探ってみましょう。あなたの場合，どのようなことをすると気分がスッキリし，逆にどのようなことをすると気分が落ちこむでしょうか。何かパターンは，あるでしょうか。

　日記を見直してみて，「このような行動をすると，いつもこのような気持ちになる」という，「行動」と「気持ち」の「つながり」が見つかりましたか？ そのような「つながり」が見つかったなら，いつもと違う対応をしてみましょう。たとえば，楽しい気持ちになる行動を増やし，イヤな気持ちになる行動を減らすようにしてみましょう。

登校の準備をするサトミ

　サトミは毎日，午前6時30分に目ざめ，登校の準備をはじめます。7時15分には着がえをすませ，いつでも登校できる状態になるので，その後の45分間，サトミは特に何もせずにイスに腰かけて時間を過ごします。そうしているうちに，学校のことや勉強のことを考えて心配になってきます。友だちとどのような話をしようと考えて，不安な気持ちになります。家を出なければならない8時ごろには，心配な気持ちが強くなり，気分が落ちこんできて，学校に行けないと思うようになります。

　自分の気持ちの動きを見直してみて，サトミは自分のパターンに気がつきました。そこで，朝の行動を変えるようにしました。まず毎朝，7時30分に起きるように変えました。起きる時間を変えることで，学校に行く準備が忙しくなり，その結果，イスに腰かけ心配をしている時間がなくなりました。

　また，早く目がさめてしまったときも，学校へ行く準備をしたあと，以前のようにイスに座ることを止め，家を出るまでの間，楽器の練習をするようにしました。すると，音楽の練習が自分を気楽な気持ちにさせてくれることに気がつきました。ぼんやりしている時間がなくなったサトミは，穏やかな気分でいられるようになり，いろいろな考えに混乱させられることがなくなりました。

家族のなかでいちばん早く帰宅するマリ

　マリは，家族のなかでいちばん早く帰宅していました。そのため，いつも次の人が帰宅するまで一人で1時間を過ごさなくてはいけませんでした。

　彼女は，日記を利用して自分の気持ちの動きを振り返ってみたところ，一人でいる時間が自分にとってもっともよくない時間であることに気がつきました。彼女は，一人でいることをとても怖く感じていたのです。何か悪いことが起きるのではないかと考えていました。

　そこでマリは，日課を変えることを決めました。放課後，学校からまっすぐ帰宅するのではなく，何か違うことをするように計画してみました。彼女は，自分が楽しいと感じることをしようと考えました。友だちと買い物に行ったり，おじいちゃんとおばあちゃんを訪ねたりしたのです。そのようにしたところ，マリは家族と同じ時間帯に帰宅するようになり，穏やかで幸せな気持ちでいられるようになりました。

FrankRamspott/istock
via Getty Images

もし1日のなかで決まった時間にイヤな気持ちになるなら，行動を変えてみよう。

一歩一歩目標に近づく

　何か新しい活動を始めようとするとき，最初からたくさんのことをやろうとすると，「どうせできない」，「やっぱり無理だ」と思って，がっかりしてしまうことになります。そこで活動をはじめるときには，新しい活動を小さなステップに分けて，少しずつはじめるのがよいでしょう。

▶　小さなステップに分け，一歩一歩階段を昇るように，そのステップを踏んでいくようにしましょう。そうすれば最後までやれるという気持ちになることができます。

▶　小さなステップに分けたほうが，一つ一つのステップで成功する可能性が高まります。そして，ステップを踏んでいくことで目標に確実に近づいていけます。

泳ぐのが好きだったジュン

　ジュンは，水泳が好きでした。でも，この6カ月間，気分が落ちこんでいたので泳ぐ気になれません。ジュンは，このままでは自分はダメになってしまうと考え，何か行動をすることにしました。まず，自分が今やってみたいことを書き出してみることにしました。いろいろなことをなるべくたくさん書いてみました。そして，そのなかで一番やりたいこととして，友だちのサチと一緒に水泳に行くことを選びました。

　しかし，最初からサチと一緒に水泳に行くのは，難しく感じます。そこで，サチと一緒に水泳に行くことを最後の目標として，それまでの行動を小さなステップに分けるようにしました。自分が取り組むことのできる簡単なことからはじめて，一歩一歩目標に近づくようにしたのです。

ステップ1：プールに行き，料金と使用できる時間帯を調べる。
ステップ2：夕方に一度だけ，プールに一人で行き，10分だけ泳いでみる。
ステップ3：夕方に一度だけ，プールに一人で行き，30分だけ泳いでみる。
ステップ4：日曜日の午前中（今までより混んでいる時間帯）にひとりで30分泳いでみる。

ステップ5：日曜日の午前中にサチと一緒にプールに行き，30分泳いでみる。

>
>
> 大きな目標は小さなステップに分けると，最後までやれるという気持ちになることができ，よい結果にもつながります。

「怖い」という，自分の気持ちに立ち向かう

JSlavy/Shutterstock

　目標に近づくためには，それを小さなステップに分解して取り組むことが役立ちます。ただし，**それでも不安な気持ちが強い場合**には，その行動をはじめるのを後回しにしてしまうことがあります。不安な気持ちが強いと，やりたいことがあってもそれができなくなってしまいます。不安な気持ちが行動を邪魔するのです。しかも，やりたいことができないと悲しくなったり，あるいは逆に怒りの感情が出てきたりします。そうなると，やりたいことができないだけでなく，悲しさや怒りといったイヤな気持ちを抱えてさらに苦しくなります。

▶ あなたは，学校に行くことを怖いと感じているとしましょう。でも学校に行かずに家にいると，悲しくてつらい気持ちになるかもしれません。

▶ あなたは，友だちと一緒に出かけて，上手に話ができるか心配になっているとしましょう。でも，外出せずに一人で家にいる自分が情けなくなり，腹が立ってくるかもしれません。

　このようなとき，あなたはどうしますか。心配で**怖いという気持ちに立ち向かって**みましょう。そのためには，次のようなステップを踏むとよいでしょう。

ステップ1：やってみたい行動を**小さなステップに分解**する。
ステップ2：**自分をほめる言葉と自分をはげます言葉**を利用する。「大丈夫。上手にできるよ」と自分に話しかける。
ステップ3：気持ちを楽にして，最初のステップに上手に取り組んでいるところを**想像する**。
ステップ4：実際に**やってみる**。一度にたくさんのことをしないで，ステップごとに一歩一歩やっていく。

ステップ5：「うまくやっているね」と**自分自身をほめる**。

外に出るのが怖いキミオ

　以前キミオは，不良グループに取り囲まれ，おどされたことがあります。そのとき押し倒されて，とても怖い思いをしました。それ以来一人で家から出るのが怖くなってしまいました。また不良グループにおどされるのではないかと心配な気持ちが強く，外に出られません。でも，家に閉じこもっていても，イヤな気持ちになるだけです。そこでキミオは決心して，「**怖い**」**という自分の気持ちに立ち向かう**ことにしました。

ステップ1：キミオは，家の前の道路を少し歩いたところにあるコンビニまで行ってみようと決めました。そこで，「コンビニまで行く」という行動を**小さなステップに分解**して，次のような設定をしました。
　　　　　①数分間，家の門の前に立つ。
　　　　　②門から一度出て，家へ戻る。
　　　　　③門を出て，バス停まで歩いて，家に戻る。
　　　　　④コンビニの前まで歩いて行き（店のなかに入らずに），家に帰る。
　　　　　⑤コンビニまで歩いて行き，店のなかに入る。

ステップ2：キミオは，門のところまで出る状況を想像し，そのときに**自分をはげます言葉**について考え，「よしやるよ！　もう1度人生のやり直しだ」と自分にいいきかせることにしました。**自分をほめる言葉**についても考えました。家の門まで歩いていく途中「もうすぐだ。思っていたよりできそうだ。いいぞ，その調子」といいきかせることにしました。

ステップ3：キミオは，気持ちが楽になり，心が落ち着く場所を想像しました。**リラックスした気持ち**になったところで，今度は玄関を出て門まで歩いて行き，再び玄関まで戻る自分を**想像しました**。

ステップ4：何回か**ステップ3**を想像し，「大丈夫だよ」と自分をはげます練習をしました。そうすると，**実際にやってみる**準備ができてきたという気がしてきました。そこで，怖い気持ちに立ち向かう時間帯として，誰も見ていない昼の時間を選びました。その時間は，友だちはみな学校に行っていて誰とも会うことがないし，不良グループと出くわす可能性は低そうだからです。
　　　　　昼間に，気持ちを楽にしてリラックスした状態で「大丈夫だよ」と自分をはげまして，実際に玄関まで出てみました。

そのようにして最初のステップを試してみたのです。

ステップ5：玄関まで行くことは，問題なくできました。その後，「がんばったね」と**自分をほめ，自分に対するごほうびとしてコ**コアを飲みビスケットを食べました。そして次に進む前に，このステップを何回か復習しました。

心配で怖いという気持ちから逃げてやりたいことをやらないという状況をなくしましょう。心配で怖い気持ちに一歩ずつ立ち向かっていけば，自分がコントロールできているという意識をもてるようになるでしょう。

習慣になっている行動をやめる

あなたには，自分でもやめようと思っているのにやめられない行動はありませんか？　やめようと思っても，習慣になってやめられない行動があれば，それは困った問題となります。たとえば次のようなことがあります。

▶ **確認する行動**：玄関のカギをかけたか，電気を消したか，水道の蛇口を閉めたかなどを，何度も確認する。

▶ **きれいにする行動**：部屋の片づけ，服の着がえ，手洗いなどを何回も繰り返す。

▶ **同じ行動の繰り返し**：何回も同じことを繰り返す，あるいは決まった順番でものごとを行なう。

このような繰り返し行動は，心配な気持ちやイヤな気持ちを一時的に打ち消すために行なわれます。**気分ちゃん**が調べたところによると，このような気持ちは，わたしたちの考え方によって起きてくるものであることがわかりました。たとえば，**次のような考え方**をすると，同じことを何回も繰り返し，自分でやめることのできない行動が起きてきます。

▶ 「絶えず確認をしていないと，何か悪いことが起きるのではないか」と考える。

▶ 「絶えず掃除していないと，ばい菌が増えて，病気にかかったり病気を人にうつしたりするのでないか」と考える。

▶ 「何度も数えなかったり，決まった順番でものごとをしなかったりすると，誰かがケガをするのではないか」と考える。

xpixel/Shutterstock

　このような行動は，いつも繰り返して行なうので，その人にとっては習慣になっています。その習慣行動を繰り返すことで，不安やイヤな気持ちは打ち消され，一時的には気分がよくなります。しかし，そのような気分は，長続きしません。また，すぐにイヤな気持ちが出てきて，そのような行動を何度も何度も繰り返さないではいられなくなります。

　こんなときは，**習慣となっているその行動をやめる**ことが必要となります。習慣となっている行動をしなくても，不安やイヤな気分を消すことはできます。

　習慣となっている行動をやめるためには，次のような段階が必要となります。

ステップ1：簡単なことからだんだんと難しいことに取り組むための**習慣のはしご**を作ります。そのためにはまず，どのような習慣行動をしているのかを調べて，それを紙や付箋に書き出してみましょう。

　　　　　　次に，それらを難しい順に並べ替えてみましょう。やめるのが一番難しい習慣行動を一番上に，やめるのが一番簡単なのを一番下に書きましょう。

ステップ2：**上手にできるような計画**を立てます。

　　　　▶　いつ最下段の行動に取り組みはじめるのか。

　　　　▶　イヤな気分が出てきたとき，どのようにするのか。

　　　　▶　自分をほめる言葉と自分をはげます言葉は，どのようなものにするのか。

　　　　▶　習慣になっている行動をやめるのに誰か助けが必要か。

ステップ3：**習慣となっている行動を実際にやめてみます。**どのくらいの間，それをやめたままでいられるのかを試すのです。そのときの気持ちを，第12章の**温度計**を利用して測定してみましょう。

　　　　　　この測定は，**習慣をやめる**までつづけましょう。そのうち，だんだんとイヤな気分が弱くなっていくのがわかるでしょう。

ステップ4：上手に習慣行動をやめることができたら，必ず**自分をほめてあげましょう。**

　はしごの各段を1通りやっただけでは，習慣となっている行動をやめることはできないでしょう。練習が大切です。また，確実に習慣となっている行動をやめるためには，ほかの人の協力を得ることも大切です。一つステップができるようになったら，次のステップに移るようにしましょう。

習慣となっている行動をしなくても，自分の気持ちや気分を変えることができるようになることを忘れないようにしましょう。

ばい菌のことが心配でたまらないトシオ

　以前にトシオは犬のフンを踏んでしまいました。それをきっかけとして，ばい菌がうつることが心配でたまらなくなりました。それ以来，いつもクツを洗い，その後に何度も何度も手を洗うようになったのです。自分の手が汚れていると感じると，着ている衣服を含めて触れたものはすべて洗わなくてはいられなくなりました。そのため，1日のうちに3, 4回着がえをするようにもなりました。何度も何度もクツや手を洗い，着がえを繰り返すことが，毎日の習慣になってしまったのです。そしてトシオは，このような**習慣となった行動をやめたい**と思うようになりました。

ステップ1：トシオはまず習慣となっている行動をやめるためのはしごを作りました。習慣となっている行動を調べ，やめるのが簡単なものから難しいものへと順番に並べたのです。

　　　　　　そして，次の行動ならば，比較的簡単に変えることができると考えました。

1.　学校から帰ったあとの着替えを，30分遅らせる。
2.　着替えは，1日に1回だけにする。
3.　手洗いの頻度を減らし，1度に2回洗ったら，それで終わりにする。

　トシオは最終的目標を「クツをはいて家の周りを自由に歩きまわる」ことができるようになることとしました。その目標の行動に到達するまでに取り組む行動のリストもでき上がっています。

ステップ2：トシオは，はしごの各段に上手に取り組むための計画を練りました。習慣となっている行動をしたい気持ちになり，あれこれ考えはじめてしまったら，**頭を使うパズルゲーム**をすることにしました。

　　　　　もう一つ，**自分をはげます言葉**を自分にいいきかせました。「このぼくが責任をもつんだ。もうあんな習慣に振りまわされたりはしない」

ステップ3：トシオは，ステップ2で考えた計画を一つずつ実行に移しました。服を着替えなければという気持ちになったときでも，すぐに着替えないようにして，思ったら「すぐに着替える」という**習慣をやめる**努力をしました。

　　　　　「気持ち」温度計によると，そのときの「怖い」気持ち得点は8でした。5分後には，イヤな気分が強くなり，「怖い」気持ち得点は9に上がりました。それでもトシオは自分をはげます言葉を利用して，気持ちを落ち着かせリラックスするようにしました。15分後にはイヤな気分は弱くなり，「怖い」気持ち得点は5まで下がりました。

　　　　　結局トシオは，30分間がんばって服を着替えないようにすることに成功したのです。

ステップ4：トシオは，すぐに着替える習慣をやめることができたのをとても嬉しく感じました。それで，がんばった自分へのプレゼントとして，大好きなDVDを思うぞんぶん楽しむことにしました。

　次に「着替えなければといけない」と思ったとき，トシオは1時間以上，着替えを待つことができました。そして，習慣になっていた行動をしなくてもイヤな気分が消えていくことを，実際の体験を通して納得しました。

自分にごほうびをあげよう

　今まで本当によくがんばっています。あなたは，次のようなことをしようと取り組んできたことでしょう。その取り組もうとしてきたことにごほうびをあげることはとても大切なことです。あなたは，変わろうと努力しているのですから自分へのごほうびを忘れないでください。

▶　自分がコントロールできている感覚を取りもどそうとする

▶　いい調子でいようとする

▶ 考え方を変えようとする

▶ 気分をコントロールしようとしている

▶ いつもと違う行動を取ろうとする

　あなたが今取り組んでいることは，誇りに思っていいことです。自分で自分のことをほめてあげましょう。結果がうまくいっているか，うまくいっていないかはあまり関係ありません。何よりもあなたががんばって取り組んでいることが最高に価値のあることなのです。

　ごほうびは，お金がかかる物である必要はありません。ごほうびは，自分のがんばりに**気づき**，それを**認めてほめている**ことを表すことなのですから。さて，どのようなごほうびにしましょうか。

▶ 「よくやった」とか「がんばった」と自分にいいましょう。それとも誰か親しい人に自分ががんばっていることを話しましょうか。

▶ ゲームやサイクリングなど，楽しいと思うことを普段より長くするというごほうびもあります。

▶ お気に入りの連続ドラマのDVDセットから1話を選んで観る，甘いものが好きだからココアを飲む，おいしいビスケットかケーキを食べるというごほうびもあります。

▶ ろうそくをつけてゆっくりお風呂に浸かる，爪をきれいにする，ずっとほしいと思っていたものを買うなどのごほうびもあります。

▶ 友だちと出かける，友だちの家に泊まるか泊まりに来てもらう，行きたかった場所に行くなどの約束をするというごほうびもあります。

　こうなりたいと目ざしていたことができたかできなかったかはさておき，なんとかしようと取り組んだ努力を認めて，ごほうびをあげましょう。

忘れないで！

▶ 行動してみましょう。そうすれば，気分がスッキリして楽しい気持ちになります。それだけでなく，否定的な考えにとらわれないですむようになります。

▶ 1日のこの時間帯は，あるいは1週間のなかでこの日はいつもイヤな気持ちになるというときがありませんか？　そのようなときには，いつもと違う行動をしてみましょう。

▶ 目標とする行動に到達する過程を小さなステップに分けてみましょう。小さなステップにすることによって，成功しやすくなります。

▶ 「怖い」という気持ちから逃げずに，それに立ち向かってみましょう。怖くても，それを乗り越えられることを学びましょう。

▶ 何回も確認したり，何度もきれいにしようとしたり，数え直したりすることを繰り返すことが習慣となっているならば，その習慣をやめるようにしましょう。

▶ 問題となっている行動をやめ，新しい行動を試してみましょう。練習をつづけ，自分のために努力したときには自分にごほうびをあげ，それを楽しみましょう。

自分の行動を日記に記録してみよう

あなたは，毎日どのような行動をしていますか。そして，どのような気持ちを感じていますか。それを日記に書いてみましょう。第12章の温度計を利用して，それぞれの気持ちの強さを測ってみましょう。

行　動	気持ち（強さ）
午前 7：00	
午前 8：00	
午前 9：00	
午前10：00	
午前11：00	
午前12：00	
午後 1：00	
午後 2：00	
午後 3：00	
午後 4：00	
午後 5：00	
午後 6：00	
午後 7：00	
午後 8：00	
午後 9：00	
午後10：00	
午後11：00	
午後12：00	

行動と気持ちをつなぐパターンがありますか？

楽しい気持ちになるもの探し

あなたが楽しい気持ちになる場所，楽しい気持ちになる行動，一緒にいると楽しい気持ちになる人を文章で書いたり，絵で描いたりしましょう。

イヤな気持ちになるもの探し

あなたがイヤな気持ちになる場所，イヤな気持ちになる行動，一緒にいるとイヤな気持ちになる人を文章で書いたり，絵で描いたりしましょう。

もっと楽しもう

　イヤな気持ちになると，楽しいと感じていたことでも，もうやりたくなくなったり，やめてしまったりします。楽しい活動ややりたい活動を次に書き出してみましょう。

楽しいと感じる活動なのに，今はやめてしまっていること

好きだけど，そんなにしょっちゅうはしない活動

したいと思う活動

書いてみたなかで，やってみたら日常が少し変わって
気持ちがスッキリしそうな活動はありますか？

少しずつやってみよう

「これをやろう」と目標を立てても，実際にそれをやろうとしたときに，とても難しいと感じることがあります。そのような場合，目標とすることを小さいステップに分解して，少しずつ目標に近づくようにする必要があります。小さなステップに分解することで，一つ一つのステップの目標は簡単に到達できるものとなります。

目標に一歩一歩近づくためのステップを次に書き出しましょう。

あなたが目ざすのは，どのようなことですか。

目ざすことを小さいステップに分解してみましょう。そして，それを書き出してみましょう。絵で描いてもいいです。

書き出したステップを検討し，難しい順に並び替えてください。その際，もっとも簡単なものを下に，もっとも難しいものを上にもってくるようにしましょう。

1.

2.

3.

4.

5.

もっとも簡単なステップからはじめましょう。
簡単なステップが上手にできたら，次に進みます。

簡単なことからだんだんと
難しいことに取り組んでみよう

　あなたには，やめたいと思っている習慣がたくさんあるかもしれません。

　そこでまず，あなたがやめたいと思っている習慣を下に書き出します。それらの習慣を簡単にやめられるものから順に並べ，はしごの一番下には一番簡単にやめられそうなものを書いて，一番上には一番難しいものを書きます。

わたしの習慣

やめるのが
もっとも難しい

もっとも簡単に
やめられる

まずは一番下のものからはじめて，それができたら次のステップに昇っていきましょう。
一歩一歩昇っていき，習慣となっている行動をやめましょう。

怖い気持ちに挑戦する

目標

ステップ1：目標にいたる過程を**小さなステップ**にわけ，まずは簡単にできる行動から取り組みはじめます。

　わたしは目標に向かって，次のようなステップを踏んでいきます。

ステップ2：自分をはげます言葉を自分にかけましょう。どのようなことを自分に話しかけますか？

ステップ3：リラックスして**楽な気持ち**になり，自分がしようとしていることが上手にできているところを**想像しましょう**。最初のステップが上手にやれているところを想像しながら，自分自身をはげますように自分に話しかけてみましょう。それを想像しながら何回か繰り返してみましょう。

ステップ4：新しい行動をためす際には、「だいじょうぶだろうか」という怖い気持ちが出てきますが、その気持ちに挑戦することが必要です。いつ、その怖い気持ちに挑戦するのかを決め、リラックスしてから、その気持ちに**立ち向かって**みましょう。そのとき、自分をはげます言葉をかけることを忘れないようにしましょう。

ステップ5：気持ちに立ち向かうことができた**自分自身をほめて、何かごほうびをあげ**ましょう。

いくつかのステップを短い期間で実行したいと思うことがあるでしょう。
しかし、急がないことが大切です。確実にできると思えるようになってから、
次のステップに移るようにしましょう。
「だいじょうぶかな」「できるかな」という怖い気持ちを乗りこえられるまで、
それぞれのステップの課題に何回も取り組むようにしましょう。

習慣になっている行動を
やめてみよう

次の四つのステップを使って，自分がコントロールできている感覚を取りもどして，習慣になっている行動をやめてみましょう。

ステップ1：簡単なことから，だんだんと難しいことに取り組んみましょう。そのために，これからやめようとしている習慣をこの下に書き出しましょう。

ステップ2：うまくいくために計画を立てます。以下のことについて，書いておきましょう。

▶ いつ，一番簡単にやめられそうな習慣に取り組みはじめますか？

▶ そのとき，どのようにすれば，楽な気持ちでそれに取り組めるでしょう？

▶ どのような自分をはげます言葉や自分をほめる言葉をかけますか？

▶ 習慣になっている行動をやめるのに，誰かに協力してもらう必要がありますか？　実際に，誰が協力してくれるでしょうか？

ステップ3：習慣になっている行動をやめることに挑戦しましょう。さあ，実際にやめてみましょう。第12章の「気持ち」温度計を利用して，定期的に気持ちの強さを測るようにしましょう。

ステップ4：うまくその習慣をやめることができたら，**自分をほめて自分にごほうびをあげましょう。**

最初のステップがうまくいったら，次のステップに進みましょう。
そしてそのステップに書いてある習慣をやめてみましょう。

自分にごほうびをあげよう

　自分にごほうびをあげるのは，とても大切なことです。あなたは難題に立ち向かって，自分を変えようとしているのですから，その努力をほめなくてはいけません。

　次の囲みのなかに，自分へのごほうびとして実行できることをいくつか書き出しましょう。

自分にどんな言葉をかけることができる？　誰になら，このことを話せる？

ごほうびとして，何か自分が楽しめることをする時間を，普段より長く取ることができる？

特別のおやつを用意できる？

何かしたいことはある？

自分へのごほうびとして，他の人と一緒にしたいことはある？

◀第15章▶ 問題を解決できるようになる

　わたしたちは，毎日，いろいろと「イヤなこと」や「困ったこと」を経験します。次のような問題はありませんか？

▶ 友だちがいたずらをしたのに，わたしがやったと学校の先生に勘ちがいされ，わたしが怒られてしまった。どのように誤解を解いたらよいのかわからなくて困っている。

▶ 授業中，じっと座っているのが難しい。動きまわりたくなるが，その気持ちをどのようにしたらよいのかわからない。がまんするのが難しい。

▶ 兄や姉が自分のことをしつこくからかう。それがイヤでなんとかしたい。

▶ 夜遅くまで起きていたいのに，親が認めてくれない。

　困った問題にぶつかった場合，それを解決するためにいろいろな対策を考え，実際にその問題を解決するために，どのような意見をいい，どのように行動するのかを決めなくてはいけません。その場合，よい方法を見つけて成功することもあれば，間違った方法を選んで，さらに状況が悪くなることもあります。
　そうした失敗はいつでも起こりえますが，なかには，大失敗をしたり，解決できそうにないと思いこんで立ち往生する人もいるようです。そうなった場合は，どのようにその問題に取り組んだらよいのかを考えることや，別のやり方で解決できないかを探ることが大切です。

なぜ，問題は起こるのだろうか？

Sufi/Shutterstock

わたしたちは，問題を解決できずに困ってしまうことがよくあります。問題をうまく解決できないのには，さまざまな理由があります。たとえば，次の三つは，特によくある理由です。

考えずに行動している

とても急いで何かを決めたり，選んだりすることがあります。そのような場合には，どうなるか考えずに行動して問題が起きます。

▶ ミチオは，買い物から帰ってきた父親が「買ってきた品物を車に忘れてきてしまった」と母親にいっているのをききました。そこで父親の手伝いをしようと，急いで車のところに走っていき，後ろの座席に置いてあった荷物を家まで運びました。しかし，ミチオが運んだ荷物は，父親が会社で準備しているパーティで使うものでした。買ってきた荷物は，トランクのなかに入っていたのです。荷物を取りに行く前に父親に確認をしておけば，間違うことはなかったでしょう。このように，あわてて考えずに行動すると，問題が起きます。

▶ 担任の先生が「宿題をノートに写すように」といいました。それをきいたサチは，すぐにボールペンで宿題をノートに写しはじめました。ところが，そのあと先生は，「ノートの次のページにエンピツで書くように」と付け加えたのです。サチは，先生の指示を最後まできかずにあわてて書きはじめたために，間違えてしまいました。

ミチオとサチは，二人とも「よかれ」と思って行動を起こしたのです。しかし，急いでいたため，結局は，問題が起きてしまいました。

感情的になっている

Scc.comics/Shutterstock

怒りや不安といった強い感情を体験しているときには，その感情に飲みこまれてしまい，冷静に考えることができなくなったり，何をいったらよいのか，どのように行動したらよいのかについて適切な判断ができなくなったりします。

▶ トシは，サッカーの試合中，相手のチームの選手にタックルされたことに非常に腹を立て，相手の選手を蹴りました。その結果，レッドカー

ドで審判に退場させられてしまいました。

▶ ジュリは，学校の勉強があまりよくわかっていませんでした。でも，先生に助けを求めるのが不安で，だまっていました。その結果，宿題は解けないままとなり，結局，放課後，教室に残って宿題をやり直さなければなりませんでした。

トシは，選手を蹴ったら退場させられるというルールを知っていました。また，ジュリは，宿題を間違えたらやり直さなくてはいけないことを知っていました。しかし，その場では，トシもジュリも，自分の取った行動の結果としてどのような問題が起きるかを考えることができなくなっていました。

つまり，怒りや不安といった強い感情に飲みこまれ，冷静に状況を考えることができなくなっていたのです。

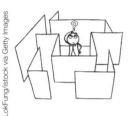

LokFung/istock via Getty Images

他の解決方法を思いつくことができなくなっている

問題を解決できない3番目の理由として，思い浮かんだ一つの方法にとらわれてしまい，それ以外の方法を思いつけなくなっているということがあります。つまり，別のやり方で問題を考えることができなくなってしまっているのです。

ヒントを一言

問題を解決するために，他の新しい解決方法を見つける必要があります。そのなかにはうまくいく方法もあるかもしれません。

立ち止まって，考え直すことができるようになる

何か問題が起きたとき，最初に思いついたことをあわててやりはじめないようにしましょう。問題が起きても，あわてず，冷静に問題に取り組めるようになりましょう。たとえば，道路の横断歩道では，立ち止まって左右を見てから渡ります。それと同じように，問題に取り組むときには，**まず「立ち止まり」**，次にどのようにするか**「計画し」**，そして最後に**「行動する」**という順番が大切になります。これは，横断歩道にある信号のように考えるとよいでしょう。

serhio/Shutterstock

▶ **赤**：何かをする前に，まずは赤い信号と考え，**立ち止まり**ましょう。

▶ **黄**：何をしたいのか，または何をいいたいのかを考え，**計画を立て**ましょう。

▶ **青**：計画にそって**行動**しましょう。

　たいていの場合，最初の段階が一番難しいものです。あなたの場合はどうですか。あわてて何かをやりはじめて，**立ち止まる**のが難しいことはありませんか？　そんなとき，信号をイメージする方法が役立ちます。あわてて動き出しそうになったら赤信号を思い浮かべ，**立ち止まる**ようにしてみましょう。赤いランプがついたら何度か深呼吸をして，気持ちを落ち着かせ，ゆったりするようにしましょう。そして，自分が何をするのがよいのかを考え，行動の計画を立てるようにするのです。これは，練習すればするほど，上手になります。

　この方法は，学校でも利用することできます。エンピツ，定規，筆箱に赤，黄，青の紙を巻いたり貼ったりしておきましょう。そして，それを見て，「**立ち止まる**」，「**計画する**」，「**行動する**」という3段階を思い出すようにしましょう。そのようにすれば，他の人に気づかれずに，この信号のイメージを利用する方法を使うことできます。

あわててやりはじめないようにするために「立ち止まる」，「計画する」，「行動する」の合言葉を役立てましょう。

他の方法を見つけるようにする

　わたしたちの日常生活においては，同じような問題が繰り返し起きてきます。そして，何回も同じ失敗を繰り返すことがあります。つまり，同じ問題に対して同じ失敗を何回もしてしまうのです。それは，繰り返し間違った判断をしているからです。そのような場合は，いったん立ち止まり，それまでやっていたのとは異なる方法を，できるだけ多く考えてみることが役立ちます。

　問題を解決する方法をできるだけ多く考えるのに役立つのが，1枚の紙に2分間で思いつくかぎりの方法を書き出すというやり方です。ここで大切なのが，できるだけ多くのアイデアを出すことです。実際にはできないことでも，バカバカしいと思うことでも気にせず，とにかく何でもよいの

で思いつくかぎりのアイデアを書き出すことです。

　もう一つの方法は「あるいは式考え方」と呼ばれる方法です。解決方法を一つ見つけるたびに「あるいは」と自分に問いかけて，次々と解決法を見つけていくやり方です。

無視されているケンジ

　ケンジは最近，仲良しグループに無視されることがよくあると感じていました。ケンジは，そのことを問題と考え，何とか解決したいと考えました。友だちに自分の話を聞いてもらえるようにするには，どうしたらよいかを考えようと思いました。そこで，**「あるいは」式考え方**を使ってみることにしました。

▶ 大きな声でしゃべってみる。**あるいは**

▶ 叫んでみる。**あるいは**

▶ 真正面に立って，自分の話を聞くしかないようにしてみる。**あるいは**

▶ 同じことを何度も話してみる。**あるいは**

▶ 仲良しグループ全員に話しかけるのではなく，そのなかの一人と話してみる。**あるいは**

▶ 仲良しグループのメンバーが興味をもっていることを話してみる。**あるいは**

▶ 新しい仲良しグループをみつける。

　ケンジにとっては，「叫ぶ」というアイデアは，バカバカしいと思えました。また，仲良しグループを変えるというアイデアも実際には難しいと思えました。それ以外のアイデアのなかには，もっと役立つように思えるものがありました。そこで，仲良しグループの友だちの興味を引く話題を見つけるために，ケンジは，彼らの話を注意深くきくようにしようと考えました。また，仲良しグループ全員にかかわるのではなく，むしろそのなかの一人に話しかけようと考えました。

　問題に取り組むための方法を自分一人でいろいろと考え出すのが難しい場合には，他の誰かと一緒に考えることが役立ちます。他の人に「もし自分と同じ問題が起きたら，どのようにその問題に取り組む？」と尋ねてみましょう。そのようにして，それまで自分がしていたのとは違った方法がないかを探してみましょう。

「あるいは」式考え方を使って，他にいろいろある解決法を見つけてみよう。

結果を考えてみる

　実際にやってみることのできる方法をいくつか思いついたなら，次には，そのなかでどの方法がもっともよいかを検討します。その方法をやってみたら，どのような結果になるかを想像して，それぞれの方法のよいところ，悪いところを考えましょう。そして，よく考えた上で，もっともうまくいくと思えるものを選びましょう。

　どの方法がよいのかを考えるためには，次の5つのステップを踏みます。

Vector Tradition SM/Shutterstock

1. 問題は，何か？
2. その問題に取り組むためには，どのような方法があるだろうか？なるべく多くの方法を考えてみよう。
3. その方法を使った場合のよい結果は何だろうか？　一つ一つの方法について考えてみよう。
4. その方法を使った場合の悪い結果は何だろうか？　一つ一つの方法について考えてみよう。
5. いろいろ考えてみて，もっともよい方法はどれだろうか？

学校でからかわれているエミ

　エミは，学校でからかわれるようになりました。エミをからかうのは，女の子三人です。休み時間に，その3人の女の子は，エミの悪口をいいます。からかわれた最初の日，エミは，そのことに非常に腹を立て，からかう相手を追いかけまわしました。2日目には，その女の子のうちの一人をたたいてしまい，先生に怒られました。3日目，その女の子たちに悪口をいい返しました。そのせいか，もっとひどい悪口をいわれるようになりました。

　そこでエミは，いい返すのをやめて，どうしたら，この問題を解決できるのかを考えることにしました。エミの考えたことをまとめると，次のようになります。

わたし（エミ）の問題：マサコ，ヨシコ，ノリコにからかわれること

わたしにできること	よい結果	悪い結果
からかわれたらたたく	スッキリする	大きな問題になる 停学になる たたき返される
先生にいいつける	先生が解決してくれる	先生にいいつけたことで余計に からかわれる 先生を見つけられない
ムシする	反応しなければ相手が興味を失う	あまりにしつこいのでムシできない
休み時間に離れている	からかわれないし，問題にならない 彼女たちも他のことをする	いつも離れていることはできない 彼女たちが探しにくる

いろいろと考えてみると，今の問題に取り組む方法としてもっともよいと思われるものは，休み時間中に，からかってくる相手に近寄らないようにすることだ。もし，見つかってしまったら，先生に近い方向に移動するようにしよう。

　　このようにいろいろな方法を考え，その結果を比べてみることは，エミにとってとても役立ちました。たとえば，たしかに，からかった相手をたたくことで気持ちをスッキリさせることはできます。しかし逆に，停学になることやたたき返されることがあるという，悪い結果を生み出すこともわかりました。さまざまな可能性を考えて，エミは，休み時間には，からかってくる3人に近寄らないという方法を選びました。

考えついた解決方法を取った直後の結果と時間が経ってからの結果の両方を考えてみてください。あなたや周りの人にどんな結果が待っていますか？　このようなことをよく考えてから一番よい方法を選びましょう。

どうしたらいいかを思い出す

Christophe BOISSON/Shutterstock

　実際に問題に取り組むために，もっともよい方法が見つかったとしましょう。しかし，その方法を使い慣れていないと，そのことを**忘れてしまう**場合があります。そのような場合には，どうしても，今までやっていた仕方で問題に対処してしまうことになってしまいます。このようなことが起きた場合に，どうしたら新しい方法を思い出せるのかを前もって考えておくとよいでしょう。次に示す例を参考にすれば，新しい方法を簡単に思い出すことができるでしょう。

筆箱をいじるコージ

　コージは，授業中にエンピツや筆箱をいじってしまう「くせ」がありました。コージは，それを問題だと思っていました。しかし，習慣になっていて，やめることができずに困っていました。そこで，その「くせ」をやめて問題を解決しようと，担任の先生と相談しました。

　コージは授業中，先生が話をしているときには，筆箱をいじらないように手をおしりの下に置くことにしました。そして，コージが手をおしりの下に置くのを忘れていたら，先生が軽くコージの肩をさわることになりました。また，コージは，筆箱を机の上に置かずに，カバンのなかに入れることに決めました。さらに，「わたしをカバンのなかに入れてください」というメモを書いて，筆箱の内側に張りつけました。そうすることで，筆箱をカバンのなかに入れるのを忘れないようにしたのです。

部屋がいつも散らかっているヒロコ

　ヒロコは，自分の部屋がいつも散らかっていることが問題だと思っていました。最近，「部屋の整理整頓ができないので，お小遣いをあげることができない」と親にいわれてしまいました。そのことがあって，部屋の片づけができないことが，ヒロコにとっては，特に大きな問題になりました。ヒロコは，部屋を片づけようとしました。しかし，どうしても上手に片づけることができません。いつも何かをやり忘れてしまうのです。そこで，彼女は，この問題を何とか解決するために，「部屋をきれいにするためのチェックリスト」を作って，それを部屋の壁に貼りつけました。このリストには，部屋を片づけるためにやらなければならないことが書いてあります。たとえば，次のようなことです。

Dmitry Natashin/
Shutterstock

▶ 床に置きっぱなしになっている服を拾う

▶ 汚い服を洗濯かごに入れる

▶ きれいな服はタンスにかけるか，引き出しにしまう

▶ ベットを整える

▶ 雑誌や本をきちんと積み上げる

▶ CDをケースにしまう

　ヒロコは部屋を片づける時間を決め，それを両親と約束しました。片づけるときには，リストを用いてやり忘れがないよう工夫しました。

すぐに興奮してカーッとなるユタカ

　ユタカは，とても短気ですぐに怒り出し，大声を出したり騒いだり，ときには人をなぐったりします。また，学校ではケンカばかりしています。そのため最近，2日間の停学処分を受けてしまいました。ユタカは，そのようにすぐに興奮してカーッとなってしまうことを「自分の問題である」と考えるようになりました。

　そこでユタカは，友だちの助けを借りてその問題を解決することにしました。まず，いい争いになったら，その場からすぐに脱出する必要があるということになりました。いい争いがはじまったら，そこにいてケンカをはじめるのではなく，いったん立ち止まりその場を離れなくてはならないということになったのです。

　しかし，ユタカにとっては，その場を離れるのは簡単なことではありませんでした。そこで，友だちに協力してもらうことになりました。ユタカが怒りはじめたら，友だちに「脱出」といってもらうのです。それが，ユタカを立ち止まらせ，その場から離れるようにうながす合図となりました。ユタカは，その場を離れれば，気持ちを落ち着かせることができました。

　ユタカにとって，このような行動は，はじめは簡単なものではありませんでした。しかし，友だちの協力はとても役立ちました。それを通して，ユタカは，いい争いになっても，以前よりもうまく対処することができるようになりました。

ヒントを
一言

新しく考えた解決策を思い出す方法を見つけて，必要なときに使えるようにしよう。

新しい方法を上手に使えるように練習する

iqoncept/123RF

　同じ問題が何回も起きているときには，これまでとは違う新しい方法でその問題に取り組むことが必要となります。しかし，それができるようになるのは，簡単なことではありません。新しい方法に慣れるまでには時間がかかります。また，新しい方法を上手に使えるようになるには，何度も練習をする必要もあるでしょう。たいていのことはそうですが，練習すればするほど，上手に，そして簡単に使うことができるようになります。

結果を変えるところをイメージする

　まず，あなたが直面している問題について考えましょう。そして，あなたが，その問題に対して，いつもとは違う方法で取り組むところを想像してみましょう。今まで使っていた方法の代わりに，新しい方法を利用して問題に上手に取り組み，よい結果を生み出している場面をイメージするのです。誰にも邪魔されない静かな場所と時間を選びましょう。そして心を落ち着かせて，問題となっている場面を具体的に思い描き，それに取り組む自分をイメージしていきましょう。

▶ できるだけ細かく具体的に，問題となっている場面をイメージします。

▶ その場面では周りに誰がいますか？　想像してみましょう。

▶ そこでは，どのような出来事が起きていますか？　また，どのような会話が行なわれていますか？　想像してみましょう。

▶ 新しい方法を利用して，その問題を上手に解決しているところをイメージしましょう。

▶ 問題を上手に解決できている自分をほめましょう。自分をほめている場面も想像しましょう。

すぐにあせってしまうミキ

　ミキは，学校で何をやるにもあせって失敗することが多く，そのことで困っていました。たとえば，最初に教室に入ろうと急いで，同級生にぶつかって，押しのけてしまうこともありました。

　そこでミキは，落ち着いて行動しなければいけないと考え，何をするにも，まず5まで数えて待つという方法を使うことに決めました。ミキは，授業が終わったとき，ランチルームに行くとき，お昼休みのあと教室に戻るときなどに，この方法を使うことにし，家の自分の部屋でその場面を想像

しました。そして，5まで数えて，穏やかな気持ちになるところをイメージしました。そのようにして，この方法を学校で実際に使うための準備をしました。

新しい方法を使う練習をする

dedMazay/Shutterstock

問題に取り組むための新しい方法を，友だちに協力してもらって練習しましょう。友だちに，新しい方法を使う際の練習相手になってもらうのです。

まず，あなたができるだけくわしく友だちに問題を説明し，本物の場面にいるような気持ちになることが大切です。誰がそこにいるのか，何をいわれるのか，どのような返事をするのかといったことを，友だちと話し合いましょう。そして，友だちを相手に，その場面で新しい方法を使う練習をしてみましょう。

この練習をするときは，楽しんでやることが大切です。それとともに，友だちと役割を交替してみるとよいでしょう。問題に取り組む役を友だちに演じてもらうのです。そうすることで，友だちから新しい方法や役に立つヒントを教えてもらうこともできるでしょう。

ヒントを
一言

よい結果を出す練習をしておくと，必要に応じてその新しい方法を使うことができるようになる。

上手にできるように計画する

問題を解決する方法は，**さまざまなことが起きないようにする**ためにもよく使われます。

▶ マチは，からかわれないようにしたいと思った。

▶ クニオは，先生から注意されないようにしたいと思った。

▶ ケンタは，ケンカをしないようにしたいと思った。

さらに，問題を解決する方法として，起きてほしいと思うことについて考え，それが**実現するように計画する**というやり方もあります。

友だちの家に泊まりに行きたいキクヨ

キクヨは，友だちの家に泊りに行きたいと思っていました。しかし，お母さんが認めてくれないだろうと考えました。キクヨは，お母さんとよくいい争いをしていたからです。そのような状況がよくならないかぎり，お母さんは外泊を許可してくれることはないとわかっていました。そこでキクヨは，その問題をどのようにしたら解決できるのかを考えました。

最初は，実際に問題を解決するには時間がかかるだろうと思いました。しかし，そのとき，お母さんとのいい争いを止めるための方法を思いつくことができました。お母さんとのいい争いは，たいていの場合，キクヨが家の仕事を手伝わないことが原因になって起きていたのです。そこで彼女は，まず自分の部屋をきちんと整頓することからはじめました。また，食事どきにはテーブルにお皿を並べ，その後の皿洗いを手伝うことにもしました。お母さんは，キクヨの変化にとても驚きました。そして，とても喜びました。その結果，二人のいい争いは減っていき，1週間後にキクヨが「友だちの家に泊まりに行ってよいか」と尋ねると，母親は，「これからもちゃんとお手伝いができるなら，ごほうびがなくてはね」といって泊まることを許してくれました。

自分に話しかける方法を使う

問題を解決するのに役立つ方法を見つけるためには，上手に問題解決ができている人に，どのような方法を使っているのかを尋ねることが役立ちます。

▶ 上手に問題解決できている人が，どのようにしているのかを尋ねる。

▶ その人がやっている取り組みを実際に見る。

▶ 自分がどのようにして問題に取り組むのかを，自分にいいきかせる。

特に何回も繰り返し起きている問題については，このような方法はとても役立ちます。

友だちへの話しかけ方がわからないイクオ

イクオは，友だちにどのように話しかけたらよいのかわかりませんでした。そのため，友だちに会うと，とても不安になりました。そこで，いつも話題が豊富でみんなからとても人気があるタロウに助けを求めることに

し，タロウがどのようにしているのかを尋ねてみました。するとタロウは，毎朝学校に着いたら友だちに挨拶をして，前の晩テレビで観た内容（たとえば，お気に入りのドラマやスポーツ番組）について話すという方法を教えてくれました。

　次の日に，タロウはイクオと一緒に学校へ行ってくれました。学校に着いたとき，タロウは，イクオが見ている前で，自分がこれからしようとしていることについて，声に出していいました。イクオは，次の日の朝，タロウのアドバイスを参考にして，それを実際にやってみました。イクオは学校に着くと，「これから運動場に歩いていって，ユウタとタカシに『おはよう』と挨拶をして，昨晩，テレビでドラマを観たかを尋ねる」と自分にいいきかせました。そして，実際，自分で自分に話したことを実践しました。

　その結果，友だちに上手に話しかけることができ，楽しくおしゃべりもできました。イクオは，それをとてもうれしく思いました。さらにその次の日も，イクオは，再び同じように自分にすることをいいきかせ，実行しました。これを数回繰り返しているうちに，自然に友だちに話しかけられるようになっていました。

忘れないで！

▶ あわてて行動しない──**立ち止まって，いろいろ考えて計画し，行動する。**

▶ 問題を解決するために，**いろいろな方法**を考えてみる。

▶ その方法を使ったなら，**どのような結果になるか**を，それぞれの方法について想像する。

▶ **いろいろな可能性を考えて，**いちばんよい結果となる方法を選ぶ。

▶ 上手に問題を解決している人に，どのような方法を取っているのかをきき，その人の行動を観察する。そして，計画を立て，自分のすべきことを**自分にいいきかせる。**

▶ 計画にしたがって解決方法を実行することを**思い出せる**ように工夫をする。

実際に使える解決方法を見つける
あるいは式考え方

あなたが取り組む問題はどのようなことですか？

その問題に取り組むための方法を，**できるかぎり多く**書き出してみましょう。ここで大切なのは，いろいろな方法を思いつくことです。

1.　この問題は，次の方法で解決できるかもしれない。

2.　**あるいは，**

3.　**あるいは，**

4.　**あるいは，**

5.　**あるいは，**

6.　**あるいは，**

7.　**あるいは，**

うまくいっている人に
アドバイスをもらう

　あなたが問題と思っていることに関して，他の人は，どのように取り組んでいるのでしょうか。他の人が用いている方法を知ることは，あなた自身が問題を解決するのにとても参考になります。役立つ方法を使っている可能性のある人を探して，アドバイスをもらうようにしてみましょう。何かよいアイデアを教えてくれるかもしれません。

わたしがアドバイスを求めた問題は：

問題解決の方法として教えてもらったことは：

その方法をやってみたらどうなる?

　あなたが取り組む問題を書いてみましょう。次に，問題を解決するための方法を思いついた順に書き出して，リストを作りましょう。そして，それぞれの方法について，それをやってみた場合に起きるかもしれない結果を書き出しましょう。その際，よい結果と悪い結果の両方を書き出します。書き終えたら，そのリストを見直し，さまざまな可能性を考え，それぞれを比べた上で，問題を解決するのにいちばんよい方法を選びましょう。

わたしの問題：		
やれそうな方法	よい結果	悪い結果
1.		
2.		
3.		
4.		
5.		
6.		
7.		

この問題を解決するのにいちばんよい方法は：

問題を解決する方法を探す

　あなたが問題だと思うことを，まんなかの四角い紙に書きましょう。絵で描いてもよいです。そして，その周りに問題を解決するための方法を，思いつくだけ書き出してみましょう。

わたしの問題

自分にいいきかせる方法を利用しよう

同じ問題が何度も繰り返し生じている場合は，他の人が同じような問題にどう対応しているかを調べ，実際に対処しているところを観察して，自分もそのようにすれば結果を出せると，自分にいいきかせましょう。

わたしの問題：
よい結果を出していて，アドバイスをくれてそうな人は誰ですか？

その人は，この問題にどう取り組んでいますか？

いつ，その人にアドバイスをもらい，実際に解決している様子を観察させてもらえますか？

いつ，その方法を使ってみますか？　そのとき，自分にどのような言葉をかけますか？

上手にやれたなら，どのように自分自身をほめますか？　ごほうびは，何にしますか？

さあ，やってみてどうでしたか？

立ち止まり，方法を考えて
計画を立て，実際にやってみる

　問題にどのように取り組むのかを考えるとき，交通信号を思い浮かべて，つぎの3段階でやってみてください。

立ち止まる：あなたの問題は何ですか？

計画を立てる：あなたが選んだ方法をどのようなものですか？

実際にやってみる：いつ，その方法をやってみますか？

参考文献
<ruby>参<rt>さん</rt></ruby><ruby>考<rt>こう</rt></ruby>

Barrett, P. (2004) *Friends for Life: Group Leaders Manual for Children*. Bowen Hills: Australian Academic Press.

Barrett, P., Webster, H., and Turner, C. (2000) *FRIENDS Prevention of Anxiety and Depression for Children. Children's Workbook*. Australia: Australian Academic Press.

Beck, A.T. (1976) *Cognitive Therapy and the Emotional Disorders*. New York: International Universities Press. (大野裕訳 (1990) 認知療法——精神療法の新しい発展 (認知療法シリーズ). 岩崎学術出版社)

Beck, A.T., Rush, A.J., Shaw, B.F., and Emery, G. (1979) *Cognitive Therapy of Depression*. New York: Guilford press. (坂野雄二監訳, 神村栄一, 清水里美, 前田基成共訳 (2007) 新版 うつ病の認知療法 (認知療法シリーズ). 岩崎学術出版社)

Belsher, G. and Wilkes, T.C.R. (1994) Ten key principles of adolescent cognitive therapy. In: *Cognitive Therapy for Depressed Adolescents* (eds. T.C.R. Wilkes, G. Belsher, A.J. Rush and E. Frank). New York: Guilford Press.

Boydell, K.M., Hodgins, M., Pignatiello, A. et al. (2014) Using technology to deliver mental health services to children and youth: a scoping review. *Journal of the Canadian Academy of Child and Adolescent Psychiatry* 23 (2): 87–99.

Breinholst, S., Esbjørn, B.H., Reinholdt-Dunne, M.L., and Stallard, P. (2012) CBT for the treatment of child anxiety disorders: a review of why parental involvement has not enhanced outcomes. *Journal of Anxiety Disorders* 26 (3): 416–424.

Burns, D.D. (1980) *Feeling Good: The New Mood Therapy*. New York: New American Library. (野村総一郎・夏苅郁子, 山岡功一, 小池梨花, 佐藤美奈子, 林建郎訳 (2004) いやな気分よ, さようなら——自分で学ぶ「抑うつ」克服法 [増補改訂 第2版]. 星和書店)

Calear, A.L. and Christensen, H. (2010) Systematic review of school-based prevention and early intervention programs for depression. *Journal of Adolescence* 33 (3): 429–438.

Cary, C.E. and McMillen, J.C. (2012) The data behind the dissemination: a systematic review of trauma-focused cognitive behavioral therapy for use with children and youth. *Children and Youth Services Review* 34 (4): 748–757.

Chorpita, B.F., Daleiden, E.L., Ebesutani, C. et al. (2011) Evidence-based treatments for children and adolescents: an updated review of indicators of efficacy and effectiveness. *Clinical Psychology: Science and Practice* 18 (2): 154–172.

Dodge, K.A. (1985) Attributional bias in aggressive children. In: *Advances in Cognitive-Behavioural Research and Therapy,* vol. 4 (ed. P.C. Kendall). New York: Academic Press.

Doherr, E.A., Corner, J.M., and Evans, E. (1999) *Pilot Study of Young Children's Abilities to Use the Concepts Central to Cognitive Behavioural Therapy*. Norwich: University of East Anglia.

Doherr, L., Reynolds, S., Wetherly, J., and Evans, E.H. (2005) Young children's ability to engage in cognitive therapy tasks: associations with age and educational experience. *Behavioural and Cognitive Psychotherapy* 33 (02): 201–215.

Donnelly, K.C. (2012) *Starving the Anger Gremlin: A Cognitive Behaviour Workbook in Anger Management for Young People*. London: Jessica Kingsley.

Donnelly, K.C. (2013) *Starving the Anxiety Gremlin: A Cognitive Behaviour Workbook on Anxiety Management for Young People*. London: Jessica Kingsley.

Ellis, A. (1962) *Reason and Emotion in Psychotherapy*. New York: Lyle-Stewart. (野口京子訳 (1999) 理性感情行動療法. 金子書房)

Fisher, E., Heathcote, L., Palermo, T.M. et al. (2014) Systematic review and meta-analysis of psychological therapies for children with chronic pain. *Journal of Pediatric Psychology* 39 (8): 763–782.

Flavell, J.H., Flavell, E.R., and Green, F.L. (2001) Development of children's understanding of connections between thinking and feeling. *Psychological Science* 12: 430–432.

Fonagy, P., Cottrell, D., Phillips, J. et al. (2014) *What Works for Whom?: A Critical Review of Treatments for Children and Adolescents*. Guilford Publications.

Franklin, M.E., Kratz, H.E., Freeman, J.B. et al. (2015) Cognitive-Behavioral Therapy for Pediatric Obsessive-Compulsive Disorder: Empirical Review and Clinical Recommendations. *Psychiatry Research* 227 (1): 78–92.

Freeman, J.B., Garcia, A.M., Coyne, L. et al. (2008) Early childhood OCD: Preliminary findings from a family-based cognitive-behavioral approach. *Journal of the American Academy of Child & Adolescent Psychiatry* 47 (5): 593–602.

Friedberg, R.D. and McClure, J.M. (2015) *Clinical Practice of Cognitive Therapy with Children and Adolescents: The Nuts and Bolts*. Guilford Publications.

Friedberg, R.D. and Wilt, L.H. (2010) Metaphors and stories in cognitive behavioral therapy with children. *Journal of Rational-Emotive & Cognitive-Behavior Therapy* 28 (2): 100–113.

Gilbert, P. (2009) Introducing compassion-focused therapy. *Advances in Psychiatric Treatment* 15 (3): 199–208.

Gilbert, P. (2014) The origins and nature of compassion focused therapy. *British Journal of Clinical Psychology* 53 (1): 6–41.

Gillies, D., Taylor, F., Gray, C. et al. (2013) Psychological therapies for the treatment of post-traumatic stress disorder in children and adolescents (Review). *Evidence-Based Child Health: A Cochrane Review Journal* 8 (3): 1004–1116.

Grave, J. and Blissett, J. (2004) Is cognitive behavior therapy developmentally appropriate for young children? A critical review of the evidence. *Clinical Psychology Review* 24 (4): 399–420.

Greenberger, D. and Padesky, C.A. (1995) *Mind Over Mood*. New York: Guilford.（大野裕監訳，岩坂彰訳（2017）うつと不安の認知療法練習帳［増補改訂版］．創元社）

Harrington, R., Wood, A., and Verduyn, C. (1998) Clinically depressed adolescents. In: *Cognitive Behaviour Therapy for Children and Families* (ed. P. Graham). Cambridge: Cambridge University Press.

Hayes, S.C. (2004) Acceptance and commitment therapy, relational frame theory, and the third wave of behavioral and cognitive therapies. *Behavior Therapy* 35 (4): 639–665.

Hayes, S.C., Luoma, J.B., Bond, F.W. et al. (2006) Acceptance and commitment therapy: model, processes and outcomes. *Behaviour Research and Therapy* 44 (1): 1–25.

Hetrick, S.E., Cox, G.R., Witt, K.G. et al. (2016) Cognitive behavioural therapy (CBT), third-wave CBT and interpersonal therapy (IPT) based interventions for preventing depression in children and adolescents. *The Cochrane Library doi*: 10.1002/14651858.CD003380.pub4.

Hirshfeld-Becker, D.R., Masek, B., Henin, A. et al. (2008) Cognitive-behavioral intervention with young anxious children. *Harvard Review of Psychiatry* 16 (2): 113–125.

Hirshfeld-Becker, D.R., Masek, B., Henin, A. et al. (2010) Cognitive behavioral therapy for 4-to 7-year-old children with anxiety disorders: a randomized, clinical trial. *Journal of Consulting and Clinical Psychology* 78 (4): 498.

Hofmann, S.G., Sawyer, A.T., and Fang, A. (2010) The empirical status of the "new wave" of cognitive behavioral therapy. *Psychiatric Clinics of North America* 33 (3): 701–710.

Hughes, J.N. (1988) *Cognitive Behaviour Therapy with Children in Schools*. New York: Pergamon Press.

Ironside, V. and Rodgers, F. (2011) *The Huge Bag of Worries*. London: Hodder Children's Books.

Jackson, H.J. and King, N.J. (1981) The emotive imagery treatment of a child's trauma-induced phobia. *Journal of Behavior Therapy and Experimental Psychiatry* 12 (4): 325–328.

James, A.C., James, G., Cowdrey, F.A. et al. (2013) Cognitive behavioural therapy for anxiety disorders in children and adolescents. *Cochrane Database of Systematic Reviews* 6.

Kane, M.T. and Kendall, P.C. (1989) Anxiety disorders in children: a multiple-baseline evaluation of a cognitive-behavioral treatment. *Behavior Therapy* 20 (4): 499–508.

Kendall, P.C. (1992) *Coping Cat Program for Anxious Youth*. Ardmore, PA: Workbook Publishing.

Kendall, P.C. and Chansky, T.E. (1991) Considering cognition in anxiety-disordered children. *Journal of Anxiety Disorders* 5 (2): 167–185.

Kendall, P.C. and Hollon, S.D. (1979) *Cognitive-Behavioural Interventions: Overview and Current Status. Cognitive-Behavioural Intervention: Theory Research and Procedures*. New York: Academic Press.

Kendall, P.C. and Panichelli-Mindel, S.M. (1995) Cognitive-behavioral treatments. *Journal of Abnormal Child Psychology* 23 (1): 107–124.

Kendall, P.C., Stark, K.D., and Adam, T. (1990) Cognitive deficit or cognitive distortion in childhood depression. *Journal of Abnormal Child Psychology* 18 (3): 255–270.

Killick, S., Curry, V., and Myles, P. (2016) The mighty metaphor: a collection of therapists' favourite metaphors and analogies. *The Cognitive Behaviour Therapist* 9: doi: 10.1017/S1754470X16000210.

Klaus Minde, M.D., Rhona Bezonsky, M.S.W., and BA, A.H. (2010) The effectiveness of CBT in 3–7 year old anxious children: preliminary data. *Journal of the Canadian Academy of Child and Adolescent Psychiatry* 19: 109.

Leitenberg, H., Yost, L.W., and Carroll-Wilson, M. (1986) Negative cognitive errors in children: questionnaire development, normative data, and comparisons between children with and without self-reported symptoms of depression, low self-esteem, and evaluation anxiety. *Journal of Consulting and Clinical Psychology* 54 (4): 528.

Lochman, J.E., White, K.J., and Wayland, K.K. (1991) Cognitive behavioral assesments and treatment with aggressive children. In: *Therapy with Children and Adolescents: Cognitive Behavioral Procedures* (ed. P. Kendall). New York: Guildford Press.

March, J.S., Mulle, K., and Herbel, B. (1994) Behavioural psychotherapy for children and adolescents with obsessive-compulsive disorder: an open clinical trial of a new protocol driven treatment package. *Journal of the American Academy of Child and Adolescent Psychiatry* 33: 333–341.

Miller, W.R. and Rollnick, S. (1991) *Motivational Interviewing*. New York, NY: Guilford Press.

Monga, S., Young, A., and Owens, M. (2009) Evaluating a cognitive behavioral therapy group program for anxious five to seven year old children: a pilot study. *Depression and Anxiety* 26 (3): 243–250.

Muris, P. and Field, A.P. (2008) Distorted cognition and pathological anxiety in children and adolescents. *Cognition and Emotion* 22 (3): 395–421.

Neil, A.L. and Christensen, H. (2009) Efficacy and effectiveness of school-based prevention and early intervention programs for anxiety. *Clinical Psychology Review* 29 (3): 208–215.

de Oliveiraa, I.R., Matosb, A.C., Ribeiroc, M.G., and Velasquezb, M.L. (2015) Changing adolescent dys- functional core beliefs with group trial-based cognitive training (G-TBCT): proposal of a preventative approach in schools. *Current Psychiatry Reviews* 11: 1–14.

Palermo, T.M., Eccleston, C., Lewandowski, A.S. et al. (2010) Randomized controlled trials of psychological therapies for management of chronic pain in children and adolescents: an updated meta-analytic review. *Pain* 148 (3): 387–397.

Pavlov, I. (1927) *Conditioning Reflexes*. Oxford: Oxford University Press.

Perry, D.G., Perry, L.C., and Rasmussen, P. (1986) Cognitive social learning mediators of aggression. *Child Development* 57 (3): 700–711.

Phillips, N. (1999) *The Panic Book*. Australia: Shrink-Rap Press.

Quakley, S., Reynolds, S., and Coker, S. (2004) The effects of cues on young children's abilities to discriminate among thoughts, feelings and behaviours. *Behaviour Research and Therapy* 42: 343–356.

Rehm, L.P. and Carter, A.S. (1990) Cognitive components of depression. In: *Handbook of developmental psychopathology* (eds. M. Lewis and S.M. Miller), 341–351. Springer US.

Reynolds, S., Wilson, C., Austin, J., and Hooper, L. (2012) Effects of psychotherapy for anxiety in children and adolescents: a meta-analytic review. *Clinical Psychology Review* 32 (4): 251–262.

Rolfsnes, E.S. and Idsoe, T. (2011) School-based intervention programs for PTSD symptoms: a review and meta- analysis. *Journal of Traumatic Stress* 24 (2): 155–165.

Ronen, T. (1992) Cognitive therapy with young children. *Child Psychiatry and Human Development* 23 (1): 19–30.

Rosenstiel, A.K. and Scott, D.S. (1977) Four considerations in using imagery techniques with children. *Journal of Behavior Therapy and Experimental Psychiatry* 8 (3): 287–290.

Scheeringa, M.S., Weems, C.F., Cohen, J.A. et al. (2011) Trauma-focused cognitive-behavioral therapy for posttraumatic stress disorder in three-through six year-old children: a randomized clinical trial. *Journal of Child Psychology and Psychiatry* 52 (8): 853–860.

Schniering, C.A. and Rapee, R.M. (2004) The relationship between automatic thoughts and negative emotions in children and adolescents: a test of the cognitive content-specificity hypothesis. *Journal of Abnormal Psychology* 113 (3): 464.

Segal, Z.V., Williams, J.M.G., and Teasdale, J.D. (2012) *Mindfulness-Based Cognitive Therapy for Depression*. Guilford Press.（越川房子監訳（2007）マインドフルネス認知療法——うつを予防する新しいアプローチ. 北大路書房）

Shafran, R., Fonagy, P., Pugh, K., and Myles, P. (2014) Transformation of mental health services for children and young people in England. In: *Dissemination and Implementation of Evidence-Based Practices in Child and Adolescent Mental Health,* vol. 158 (eds. R.S. Beidas and P.C. Kendall). New York, NY: Oxford University Press.

Skinner, B.F. (1974) *About Behaviorism*. London: Cape.

Spence, S.H., Donovan, C., and Brechman-Toussaint, M. (2000) The treatment of childhood social phobia: the effectiveness of a social; skills training based, cognitive-behavioural intervention, with and without parental involvement. *Journal of Child Psychology and Psychiatry* 41 (6): 713–726.

Stallard, P. (2002) *Think Good Feel Good. A Cognitive Behaviour Therapy Workbook for Children and Young People*. Chichester: Wiley.（下山晴彦監訳（2006）子どもと若者のための認知行動療法ワークブック——上手に考え，気分はスッキリ. 金剛出版）

Stallard, P. (2005) *A Clinician's Guide to Think Good-Feel Good: Using CBT with Children and Young People*. Wiley.（下山晴彦訳（2008）子どもと若者のための認知行動療法ガイドブック——上手に考え，気分はスッキリ. 金剛出版）

Stallard, P., Skryabina, E., Taylor, G. et al. (2014) Classroom-based cognitive behaviour therapy (FRIENDS): a cluster randomised controlled trial to Prevent Anxiety in Children through Education in Schools (PACES). *The Lancet Psychiatry* 1 (3): 185–192.

Stockings, E.A., Degenhardt, L., Dobbins, T. et al. (2016) Preventing depression and anxiety in young people: a review of the joint efficacy of universal, selective and indicated prevention. *Psychological Medicine* 46 (01): 11–26.

Sunderland, M. (1997) *Draw on Your Emotions*. London: Routledge.

Sunderland, M. (2001) *A Nifflenoo Called Nevermind: A Story for Children Who Bottle Up Their Feelings*. London: Routledge.（森さち子訳（2011）へっちゃら君（子どもの心理臨床）. 誠信書房）

Thapar, A., Collishaw, S., Pine, D.S., and Thapar, A.K. (2012) Depression in adolescence. *The Lancet* 379 (9820): 1056–1067.

Turk, J. (1998) Children with learning difficulties and their parents. In: *Cognitive—Behaviour Therapy for Children and Families* (ed. P. Graham), 110–125. Cambridge UK: Cambridge University Press.

Verduyn, C. (2000) Cognitive behaviour therapy in childhood depression. *Child and Adolescent Mental Health* 5 (4): 176–180.

Wellman, H.M., Hollander, M., and Schult, C.A. (1996) Young children's understanding of thought bubbles and thoughts. *Child Development* 67: 768–788.

Werner-Seidler, A., Perry, Y., Calear, A.L. et al. (2017) School-based depression and anxiety prevention programs for young people: a systematic review and meta-analysis. *Clinical Psychology Review* 51: 30–47.

Wever, C. (1999) *The School Wobblies*. Australia: Shrink-Rap Press.（田部田功，藤岡耕太郎，森下克也訳（2003）学校いやいやお化けウォブリー. 明星大学出版部）

Wever, C. (2000) *The Secret Problem*. Australia: Shrink-Rap Press.

Whitaker, S. (2001) Anger control for people with learning disabilities: a critical review. *Behavioural and Cognitive Psychotherapy* 29 (03): 277–293.

Wolpe, J. (1958) *Reciprocal Inhibition Therapy*. Standford, CA: Stanford University Press.

Young, J. and Brown, P.F. (1996) Cognitive behaviour therapy for anxiety; practical tops for using it with children. *Clinical Psychology Forum* 91: 19–21.

Zhou, X., Hetrick, S.E., Cuijpers, P. et al. (2015) Comparative efficacy and acceptability of psychotherapies for depression in children and adolescents: a systematic review and network meta-analysis. *World Psychiatry* 14 (2): 207–222.

索 引

や

ら

わ

略歴

松丸未来（まつまる みき）

1975年，東京生まれ。

1998年，英国レディング大学心理学部卒業。その間，合計16年間海外生活をし，様々な文化に触れる。2001年上智大学大学院文学研究科心理学専攻修了。

臨床心理士取得後，16年以上，スクールカウンセラーをしながら，産業分野での相談や東京大学大学院教育学研究科附属心理相談室臨床相談員，短期大学や大学院の非常勤講師，東京認知行動療法センターの心理士などもする。

専門は子どもの認知行動療法。臨床心理士・公認心理師。

著書 「子どもと若者のための認知行動療法セミナー──上手に考え，気分はスッキリ」（共著・金剛出版），「子どものこころが育つ心理教育授業のつくり方」（共著・岩崎学術出版社）

下山晴彦（しもやま はるひこ）

1983年，東京大学大学院教育学研究科教育心理学専攻博士課程退学。

東京大学助手，東京工業大学専任講師，東京大学助教授を経て，現在東京大学大学院・臨床心理学コース教授。

博士（教育学：東京大学）。臨床心理士・公認心理師。

著書 「公認心理師スタンダードテキストシリーズ3 臨床心理学概論」（編著・ミネルヴァ書房），「臨床心理学入門」（編訳・東京大学出版会），「公認心理師技法ガイド」（編集主幹・文光堂），「公認心理師のための「発達障害」講義」（監修・北大路書房），「公認心理師必携 精神医療・臨床心理の知識と技法」（編著・医学書院），「臨床心理フロンティアシリーズ 認知行動療法入門」（編著・講談社），「臨床心理学をまなぶ2 実践の基本」（単著・東京大学出版会）

子どものための認知行動療法ワークブック
上手に考え，気分はスッキリ

2020年4月20日　発行
2023年1月20日　2刷

著者────── ポール・スタラード
監訳者──── 松丸未来　下山晴彦

発行者──── 立石正信
発行所──── 株式会社 金剛出版
　　　　　　〒112-0005 東京都文京区水道1-5-16　電話 03-3815-6661　振替 00120-6-34848

印刷・製本◉音羽印刷

ISBN978-4-7724-1749-5 C3011　©2020 Printed in Japan

JCOPY 〈（社）出版者著作権管理機構 委託出版物〉
本書の無断複製は著作権法上での例外を除き禁じられています。
複製される場合は，そのつど事前に，出版者著作権管理機構
（電話 03-5244-5088，FAX 03-5244-5089，e-mail: info@jcopy.or.jp）の許諾を得てください。

好評既刊

Ψ金剛出版　〒112-0005　東京都文京区水道1-5-16　Tel. 03-3815-6661　Fax. 03-3818-6848
e-mail eigyo@kongoshuppan.co.jp　URL https://www.kongoshuppan.co.jp/

自閉スペクトラム症の子どものための認知行動療法ワークブック
愛情をしっかり理解し上手に表現しよう!

[著]トニー・アトウッド　マイケル・ガーネット
[監訳]下山晴彦

気持ちのキャッチボールが苦手な子も，大切な人に思いを伝えられない子も，子どもの愛情を感じられずに悩む親も，しっかり気持ちを伝え合うスキルを身につけよう!　科学的根拠＝エビデンスにもとづいて設計された5つのステップは，誰でもわかりやすく，自宅でも学校でもかんたんにチャレンジできるように工夫されている。　　　　　　　　　　　定価2,640円

クライエントの言葉をひきだす認知療法の「問う力」
ソクラテス的手法を使いこなす

[編]石垣琢麿　山本貢司　[著]東京駒場CBT研究会

クライエントにちゃんと「質問」できてる?——認知療法の経験豊富な中堅臨床家たちが，ソクラテス的手法を詳細に解説したオーバーホルザーの論文と，短期認知療法への適合性に関するサフラン＆シーガルの論文をもとに，認知療法における「問う力」（質問力）を包括的かつ実践的に解説。認知療法の初学者には先輩からの「紙上後輩指導」として，すでに認知療法を実践されている方には過去の面接を振り返り，自身の「問う力」を再分析・再検討するのに最適な一冊!　　　　　　　　　　　定価3,080円

認知行動療法臨床ガイド

[著]デヴィッド・ウエストブルック　ヘレン・ケナリー　ジョアン・カーク
[監訳]下山晴彦

確かな治療効果のエビデンスに支えられてハイクラスの臨床家たちが築き上げた認知行動療法の正しい型を，臨床場面でのワンポイント・アドバイスを取り入れながら提供する。本書では認知行動療法入門として，基本理論とその発展，治療関係論，アセスメントとフォーミュレーション，ソクラテス式問答法，行動実験など，さまざまなセオリーとスキルをやさしくわかりやすく解説していく。代表的な症例として，うつ病や不安障害の治療例も紹介しながら，支援者が手を携えながらクライエントが自分自身のセラピストとなるためのスキルを身につけていくためのヒントを論じる。　　　定価5,720円

価格は10%税込です。

好評既刊

Ψ金剛出版　〒112-0005 東京都文京区水道1-5-16　Tel. 03-3815-6661　Fax. 03-3818-6848
e-mail eigyo@kongoshuppan.co.jp　URL https://www.kongoshuppan.co.jp/

子どもの怒りに対する 認知行動療法ワークブック

[著]デニス・G・スコドルスキー　ローレンス・スケイヒル
[監修]大野裕　[訳]坂戸美和子　田村法子

「キレる」子どもたちは，その行為とは裏腹に，彼らもまた，自らの衝動が
コントロールできないことに深く悩んでいる。本書は，そうした悩みを抱え
た子どもに対して，社会的問題解決スキルを養うことと感情をうまく調節で
きるようになることに焦点を当てる。子どもに関わる精神科医，心理士，
ソーシャルワーカー，また，学校教育や少年司法プログラムに携わる専門職
に役立つ認知行動療法実施マニュアル。　　　　　　　　　定価3,300円

保護者と先生のための 応用行動分析入門ハンドブック
子どもの行動を「ありのまま観る」ために

[監修]井上雅彦　[著]三田地真実　岡村章司

子どもを，先入観なく客観的に観ていくことはとても難しい。本書で解説す
る応用行動分析を活用することで，その子の気になるところや悪い部分ばか
りでなく，「良いところ」「きちんと行動できている部分」に目が向けられる
ようになる。すぐにすべてができなくても，1つずつステップを続けていけ
ば，子どもの良い面をさらに延ばしていくことができるだろう。子どもの気
になる行動に困っている教師・親御さんにお勧めの一冊。　　定価2,860円

子どもの視点でポジティブに考える 問題行動解決支援ハンドブック

[著]ロバート・E.オニール　リチャード・W.アルビン　キース・ストーレイ
　　　ロバート・H.ホーナー　ジェフリー・R.スプラギュー
[監訳]三田地真実　神山努　[訳]岡村章司　原口英之

本書では，問題行動の機能的アセスメント，また問題行動を起こしている子
どもたちへの個別化したポジティブな行動介入・支援計画を立てる際に，必
要な情報を集める手段としての記録用紙の使い方や手続きについて解説す
る。問題行動を起こしている人たちが，いまよりも過ごしやすい環境となる
ような手助けを考えていこう。そうすることは，社会的インクルージョン・
地域社会の活性にもつながっていく。　　　　　　　　　　定価3,520円

価格は10%税込です。

好評既刊

Ψ金剛出版　〒112-0005　東京都文京区水道1-5-16　Tel. 03-3815-6661　Fax. 03-3818-6848
e-mail eigyo@kongoshuppan.co.jp　URL https://www.kongoshuppan.co.jp/

子育ての問題をPBSで解決しよう!
ポジティブな行動支援で親も子どももハッピーライフ

［著］ミミ・ハイネマン　カレン・チャイルズ　ジェーン・セルゲイ
［監訳］三田地真実　［訳］神山努　大久保賢一

ポジティブな行動支援（PBS）とは，子どもの行動を理解し，それを踏まえて望ましい行動を促したり，望ましくない行動を予防したり止めさせたりする方法を見つけるための，問題解決のプロセスである。このPBSの効果については，すでに多くのエビデンスにより，実際に現場で役立つことが実証されている。本書を使って日常生活にPBSを取り入れながら，よりハッピーな親子関係を築けるように，というのが著者の願いである。

定価3,080円

自尊心を育てるワークブック 第二版
あなたを助けるための簡潔で効果的なプログラム

［著］グレン・R・シラルディ
［監訳］高山巌　［訳］柳沢圭子

「自尊心（自尊感情）」は，ストレスや疾患の症状を緩和するばかりでなく，人が成長するための本質的な基盤となるものである。本書は，健全で現実的な，かつ全般的に安定した「自尊心」を確立できるよう，確固たる原理に基づいた段階的手順を紹介した最良の自習書となっている。今回大幅な改訂により新たに六つの章が加えられ，効果的概念〈セルフコンパッション；自己への思いやり〉ストレスと加齢，無条件の愛，マインドフルネスの気づき，意識の練習についても詳述されている。

定価3,520円

ティーンのための
マインドフルネス・ワークブック

［著］シェリ・ヴァン・ダイク
［監訳］家接哲次　［訳］間藤萌

感情トラブルに巻き込まれた人をサポートする技法として，マーシャ・リネハンによって開発された弁証法的行動療法（DBT）。本書では，10代の思春期・青年期の子どもたちが健やかに穏やかな日々を送るために，4つのDBTのコアスキルを多彩なワークで学び，感情と上手につきあう方法を身につけていく。こころもからだも楽になり，人間関係もスムーズに，健やかに穏やかな日々を送るためのマインドフルネス実践ガイド。

定価3,080円

価格は10%税込です。